"十四五"职业教育国家规划教材

教育部中等职业教育改革创新示范教材

中等职业教育旅游服务类专业系列教材

# 客房服务技能实训

第3版

主　编　张志佳　王利荣

副主编　刘秋月　葛顺英

参　编　荣晓坤　张　昕

王晓蔚　牛春芳　程　伟

机 械 工 业 出 版 社

本书是由教育部专家组评审、教材遴选工作领导小组审定确定的“教育部中等职业教育改革创新示范教材”。

《客房服务技能实训 第3版》是一本高星级酒店客房服务的实训教材。本书贯彻了“项目教学”这一教学理念，将客房服务工作分成了客房用品管理、客房清扫服务、铺床、卫生间清扫服务、公共区域与其他清洁服务、布件房与洗衣房管理、客房接待服务、客房设备管理、客房安全管理九个项目，每个项目又分为若干任务，每个任务都包括理论知识、能力点、学习目标、学习准备、技能训练、学习评价等内容，力求体现以就业为导向、以能力为本位、以学生为主体的职业教育主导思想；同时，本书各项目均配备了微课视频，通过真人实景的操作演示，提升学生的代入感，增加课程的趣味性与直观性。

本书既可以作为职业教育开设旅游管理或饭店管理专业院校的专业课教材，也可以作为饭店行业从业人员的培训教材，同时也可以作为有志于从事饭店行业的社会人员的自学教材。

**图书在版编目（CIP）数据**

客房服务技能实训 / 张志佳，王利荣主编．—3版．—北京：机械工业出版社，2021.7（2025.6重印）

教育部中等职业教育改革创新示范教材

中等职业教育旅游服务类专业系列教材

ISBN 978-7-111-68354-4

Ⅰ．①客…　Ⅱ．①张…　②王…　Ⅲ．①客房—商业服务—中等专业学校—教材　Ⅳ．① F719.2

中国版本图书馆CIP数据核字（2021）第102411号

机械工业出版社（北京市百万庄大街22号　邮政编码100037）

策划编辑：李　兴　　责任编辑：李　兴　邢小兵

责任校对：张莎莎　　封面设计：严娅萍

责任印制：张　博

固安县铭成印刷有限公司印刷

2025年6月第3版第5次印刷

184mm×260mm・11.75印张・194千字

标准书号：ISBN 978-7-111-68354-4

定价：39.00元

电话服务　　网络服务

客服电话：010-88361066　　机　工　官　网：www.cmpbook.com

010-88379833　　机　工　官　博：weibo.com/cmp1952

010-68326294　　金　书　网：www.golden-book.com

　机工教育服务网：www.cmpedu.com

# 关于“十四五”职业教育
# 国家规划教材的出版说明

为贯彻落实《中共中央关于认真学习宣传贯彻党的二十大精神的决定》《习近平新时代中国特色社会主义思想进课程教材指南》《职业院校教材管理办法》等文件精神，机械工业出版社与教材编写团队一道，认真执行思政内容进教材、进课堂、进头脑要求，尊重教育规律，遵循学科特点，对教材内容进行了更新，着力落实以下要求：

1. 提升教材铸魂育人功能，培育、践行社会主义核心价值观，教育引导学生树立共产主义远大理想和中国特色社会主义共同理想，坚定“四个自信”，厚植爱国主义情怀，把爱国情、强国志、报国行自觉融入建设社会主义现代化强国、实现中华民族伟大复兴的奋斗之中。同时，弘扬中华优秀传统文化，深入开展宪法法治教育。

2. 注重科学思维方法训练和科学伦理教育，培养学生探索未知、追求真理、勇攀科学高峰的责任感和使命感；强化学生工程伦理教育，培养学生精益求精的大国工匠精神，激发学生科技报国的家国情怀和使命担当。加快构建中国特色哲学社会科学学科体系、学术体系、话语体系。帮助学生了解相关专业和行业领域的国家战略、法律法规和相关政策，引导学生深入社会实践、关注现实问题，培育学生经世济民、诚信服务、德法兼修的职业素养。

3. 教育引导学生深刻理解并自觉实践各行业的职业精神、职业规范，增强职业责任感，培养遵纪守法、爱岗敬业、无私奉献、诚实守信、公道办事、开拓创新的职业品格和行为习惯。

在此基础上，及时更新教材知识内容，体现产业发展的新技术、新工艺、新规范、新标准。加强教材数字化建设，丰富配套资源，形成可听、可视、可练、可互动的融媒体教材。

教材建设需要各方的共同努力，也欢迎相关教材使用院校的师生及时反馈意见和建议，我们将认真组织力量进行研究，在后续重印及再版时吸纳改进，不断推动高质量教材出版。

**机械工业出版社**

# 前　言

随着经济全球化的发展，饭店行业已成为与国际接轨最为密切的行业之一。在北京已成功举办七届的中国国际服务贸易交易会（简称服贸会）、在上海已连续举办三届的中国国际进口博览会、在广州每年举办两次的被誉为“中国第一展”的中国进出口商品交易会（简称广交会），这些活动都吸引了全世界的目光，越来越多的来自世界各地的游客到中国观光、度假或从事商务活动。随着我国经济快速发展，人民的生活水平进一步提高，旅游需求也进一步增强，国内旅游也越来越红火。这些都为我国饭店业的发展带来了新的契机，饭店行业对专业化人才的需求量进一步扩大，对员工素质的要求也越来越高。职业院校饭店管理专业的毕业生是饭店行业从业大军中的主要力量。党的二十大报告指出，“我们要坚持教育优先发展、科技自立自强、人才引领驱动”“全面提高人才自主培养质量，着力造就拔尖创新人才”。因此，提高职业教育的教学质量，尤其是提高教材质量就显得尤为重要。

客房部是饭店的主要营业部门，做好客房部的管理和服务工作，对于提高饭店的服务质量和经济效益具有重要意义。对于从事饭店客房服务的人员来说，熟练掌握客房相关理论知识和操作技能，是服务员的基本上岗要求。对于客房部的管理人员来说，只有掌握了这些知识和技能才能更好地管理和监督员工的工作。本书的编写力求体现以就业为导向、以能力为本位、以学生为主体的职业教育主导思想，按照饭店客房部的工作任务，将全书分成九个技能训练项目，每一个项目下再细分成若干技能训练活动，使得教师在使用本书对学生进行客房服务技能训练时更有针对性和可操作性。

本书既可以作为中等职业教育开设旅游管理或饭店管理专业院校的专业课教材，也可以作为饭店行业从业人员的培训教材，同时也可以作为有志于从事饭店行业的社会人员的自学教材。本书为培训客房服务技能提供了切实可行的方法，是一本实用性较强的实训教材。

本书首版于2007年8月出版发行，2012年8月改版，2013年被评为“教育部中等职业教育改革创新示范教材”，并多次重印。

为了满足当今旅游职业教育与培训的要求，使其更符合行业发展需要，经多年使用与反馈，我们再次对教材进行修订，本次修订的主要内容如下。

1. 教材趋于立体化。本着以学生为本的理念，针对客房重点工作岗位实训内容配备了丰富的视频资源，阅读教材的同时可以扫描相关二维码进行线上线下连接，使学习方式更直观、内容更实用。

2. 以能力为特征。职业教育教材承载着立德树人的功能。在每个任务下增设“能力点”，使客房理论知识与技术实践围绕能力点进行呈现，并贯穿到评价中，增加组织与合作、实训态度等标准，使综合能力与素养评价更多元、更全面。

3. 坚持与时俱进。根据现代酒店客房服务实际，对教材内容进行补充与更新。比如根据新冠肺炎疫情防控工作的实际增加了客房公共卫生防疫工作训练等内容。

本次修订由张志佳、王利荣任主编，刘秋月、葛顺英任副主编，参与修订的还有荣晓坤、张昕、王晓蔚、牛春芳、程伟老师。在所有老师及企业专家的倾力配合与支持下，本书修订工作得以顺利完成。

由于编者水平有限，书中难免存在疏漏之处，敬请广大读者批评指正。

编　者

# 二维码索引

# 目录

# 绪　论

酒店的基本功能是满足客人吃住的需求，是客人的“家外之家”。对酒店而言，客房是必不可少的基本设施，是酒店档次和服务质量的重要标志。客房部是向客人提供住宿服务的部门，为住店客人提供客房清扫服务和其他服务项目，并负责客房设备设施的维修保养和公共区域的清洁卫生工作。客房部服务的好坏直接关系到客人住店期间的满意程度，对酒店的形象和经济效益的提高有十分重要的意义。

## 一、客房部在酒店中的地位

### 1. 客房能够满足客人的基本需要

客人住店最基本的需要就是住宿，而住宿就需要客房。酒店如果没有客房就不能称为酒店，所以客房是酒店存在的基础，是酒店的主要组成部分。

### 2. 客房是酒店营业收入的重要来源

现代酒店营业收入的三大来源是客房收入、餐饮收入和综合服务收入，其中客房收入一般占 50% 以上，是主要收入来源。而且客房经营成本较低，收入也比较稳定，因此酒店客房部经营的好坏直接影响到整个酒店的经济效益。

### 3. 客房能够带动酒店其他部门的经营活动

客房的入住率高，酒店的设备设施才能发挥作用，才能带动整个酒店的经营管理。客人住进酒店，不仅要使用客房设施，还会去餐厅吃饭、去商品部购物、去康乐部健身娱乐等，客房的服务带动了酒店的综合服务设施的经营。

### 4. 客房服务质量是酒店服务质量的重要标志

客房是客人休息的私人空间，客人住店期间在客房的逗留时间比在酒店其他任何地方都要长，对这一私密空间，客人会更加敏感。因此，客房的环境是否舒适整洁、服务员的服务是否周到细致，会直接影响客人对酒店的整体印象。所以，客房服务质量直接影响酒店的声誉，是酒店服务质量的重要标志，也是衡量酒店档次高低的重要标志。

## 二、客房部的主要任务

### 1. 为客人创造舒适优雅的环境

客房部负责酒店所有客房和公共区域的清洁卫生工作。客房的清洁卫生是酒店提供给客人的客房商品的重要组成部分，很多客人衡量客房服务质量的首要因素就是清洁卫生。公共区域是包括住店客人在内的所有来酒店的客人的必经之地，它是否清洁卫生、优雅舒适，直接影响酒店在客人心目中的形象。因此，为客人创造整洁美观的环境是客房部服务人员的主要工作。

### 2. 为酒店提供洁净的棉织品

客房部包括布件房和洗衣房，主要负责酒店各部门的棉织品、员工制服和客人衣物的洗涤、保养和存放，为酒店各部门的对客服务提供保障。

### 3. 为客人提供各种住宿服务

客人在住店期间除了需要清洁舒适的休憩环境外，还需要客房部提供如下各种服务：迎送服务、洗衣服务、夜床服务、小酒吧服务、会议服务、托婴服务、擦鞋服务、私人管家服务、访客接待服务等。这些服务会让客人感受到酒店的周到细致，让客人更加满意。

### 4. 为客人提供安全的保障

客房是客人在异国他乡的临时居所，安全是客人最基本的需求之一。客房部必须加强安全管理，采取必要的措施保证客人的人身财产安全。因为一旦发生安全事故，不仅给客人带来伤害和麻烦，而且严重影响酒店的声誉和形象。

## 三、客房部的组织机构

客房部组织机构的科学有效是客房部正常运转的基本保障，酒店应遵循精简高效、分工明确的原则设置组织机构。客房部的组织机构设置没有统一的模式，酒店可以根据自身类型、规模大小和其他客观条件，并结合经营指导思想等主观因素进行设计，并随着酒店的发展变化而进行适当的调整和创新。目前，常见的大、中、小型酒店客房部的组织机构如图 0-1、图 0-2 所示。

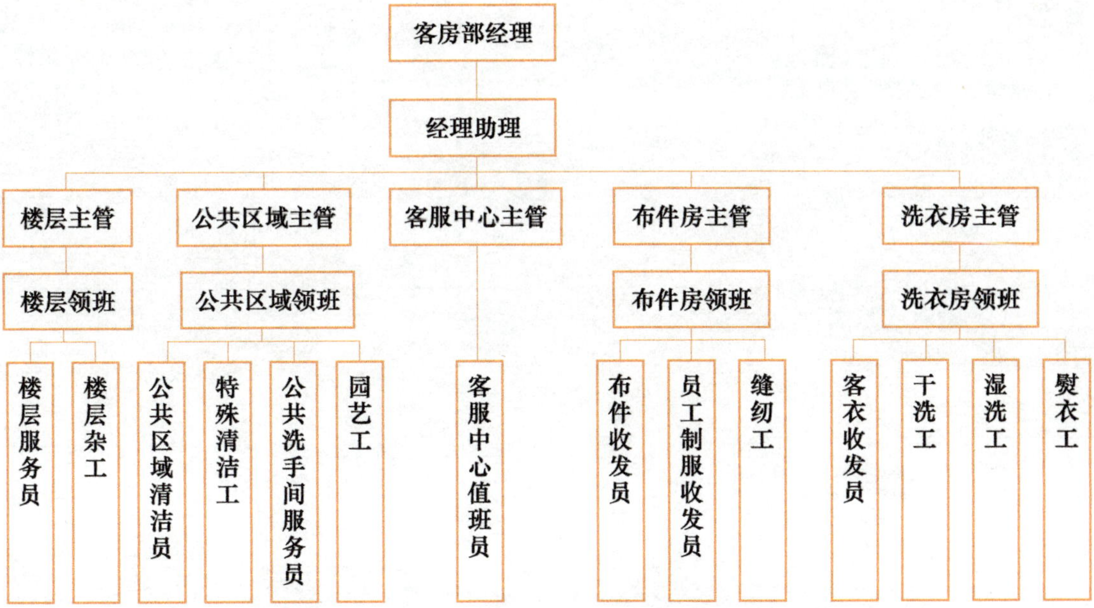


图 0-1　大、中型酒店客房部的组织机构图

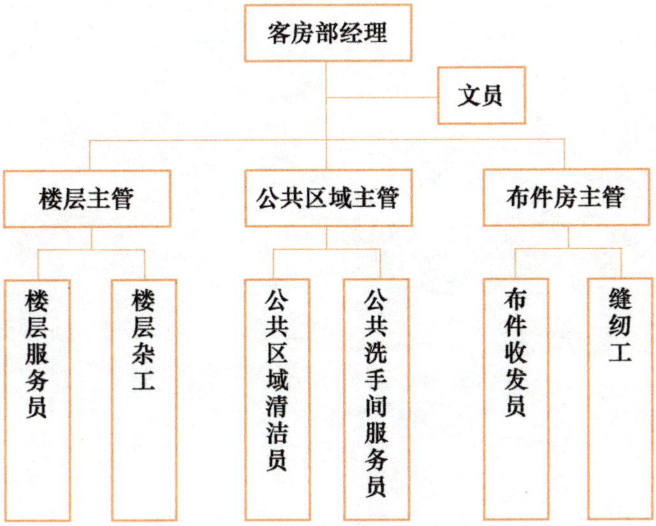


图 0-2　小型酒店客房部的组织机构图

# 项目一

# 客房用品管理训练

客房用品管理是为了维护酒店等级规格、保证业务经营活动正常而进行的，只有认真做好客房用品管理工作，保证客房用品的质量、特色和功能，才能适应市场竞争，满足客人的实际需求。

# 理论知识

## 一、客房用品选择的要求

客房用品选择的要求如图 1-1 所示。

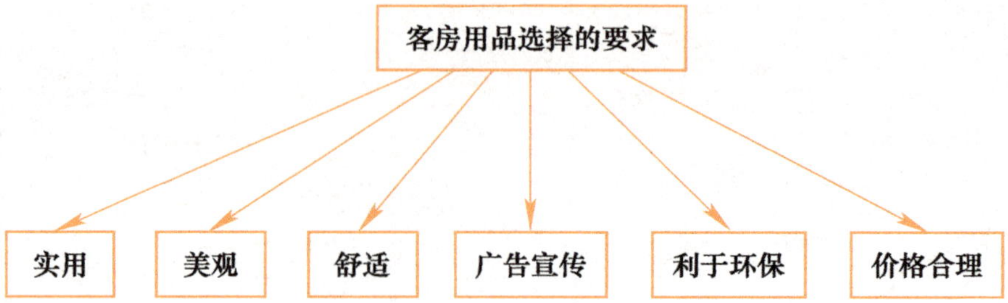


图 1-1　客房用品选择的要求

## 二、客房用品的配备

合理配备客房用品，能够有效地保证质量、控制消耗。客用品又可分为多次性消耗客用品（见图 1-2）和一次性消耗客用品（见图 1-3）。客用品配备标准见表 1-1。

表 1-1　客用品配备标准

| | |
|---|---|
| **客房内的配备标准** | 要以客房的类别和档次为依据，在品种、数量、规格、质量以及摆放的要求等各方面有统一的标准 |
| **工作车的配备标准** | 客房服务员的工作车专门用来存放清洁、整理客房所需的各类用具用品，其中包括客房用物品。工作车上所配备的客房客用物品在品种、数量、摆放位置及方法上要有统一标准 |
| **楼层小仓库的配备标准** | 楼层小仓库应该配备客房客用品，供楼层周转使用。客用消耗物品通常以一周使用量为标准，其他非消耗品则根据各楼层的客房数量（即客情）等具体情况确定合理的数量标准 |
| **中心库房的配备标准** | 客房部通常设一个中心库房，储备客房部的常用物品。客用消耗物品的储量以一个月的消耗量为标准，其他客用物品的品种和数量则根据实际使用、消耗情况及周转频率确定 |

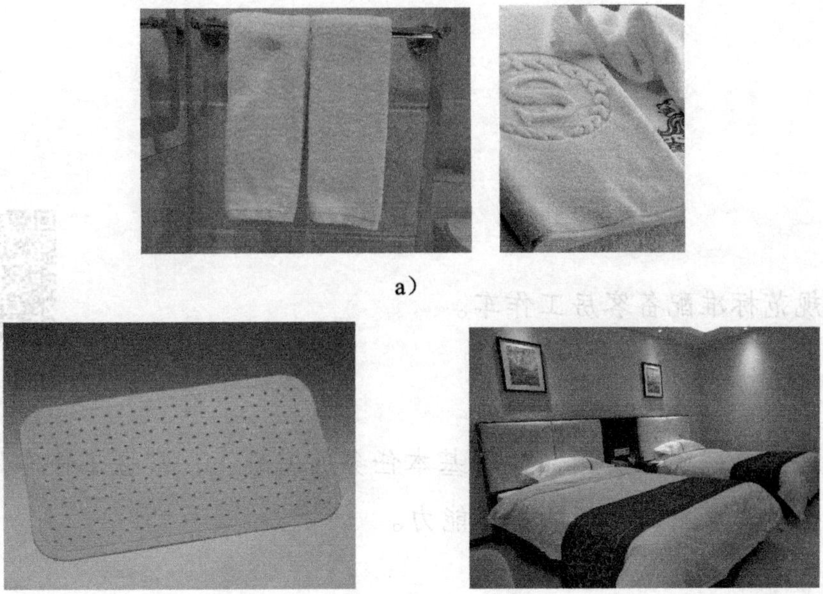

a）

b） c）

图 1-2 多次性消耗客用品

a）卫生间布巾 b）防滑垫 c）床上布件

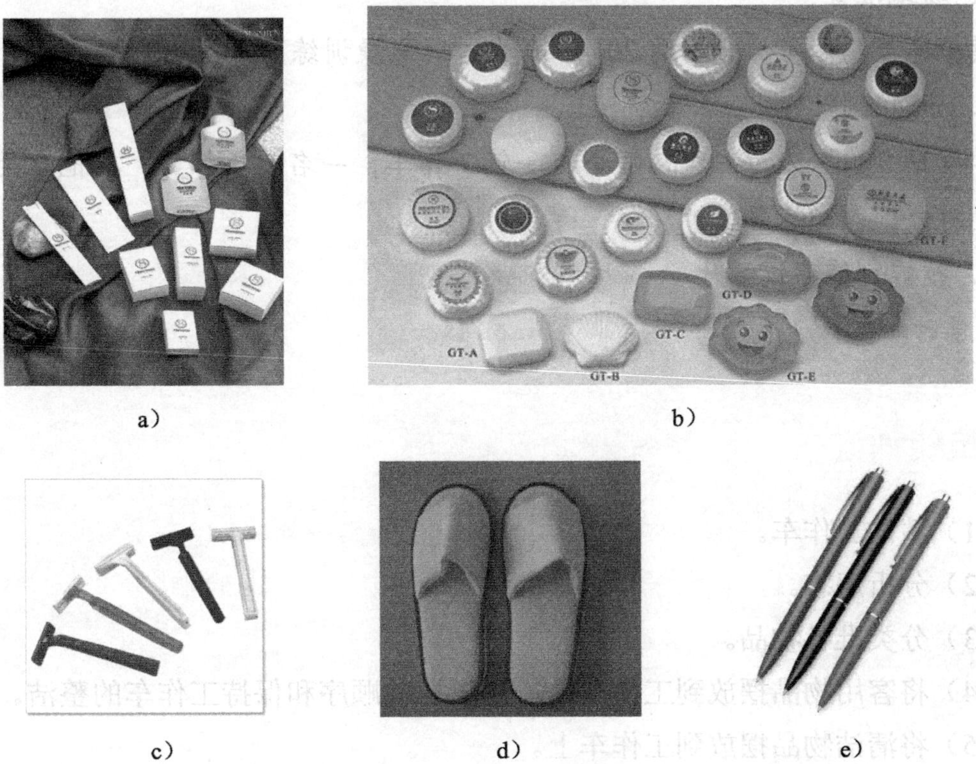


a） b）

c） d） e）

图 1-3 一次性消耗客用品

a）六小件 b）香皂 c）剃须刀 d）拖鞋 e）铅（圆珠）笔

# 任务 工作车用品配备训练

工作车用品配备

## 能力点

能够按规范标准配备客房工作车。

## 学习目标

通过训练，在明确客房用品管理基本任务的基础上，掌握工作车用品配备技能，培养学生对客房用品管理的基本能力。

## 学习准备

**1. 物品准备**

4 辆工作车、布件和客用品（按 5 间空房、4 间走客房、3 间住客房的数量准备）。

**2. 场地准备**

模拟楼层小库房，能容纳 20 ～ 30 人进行实操训练。

**3. 分组安排**

学生每 5 ～ 8 人为一组，每小组一辆工作车，一名学生练习，其他学生观摩并负责打分，轮流练习。

**4. 技能训练建议学时**

2 学时。

## 技能训练

（1）清洁工作车。

（2）分析房态。

（3）分类准备物品。

（4）将客用物品摆放到工作车内，注意摆放顺序和保持工作车的整洁。

（5）将清洁物品摆放到工作车上。

（6）检查核对物品是否配备齐全。

工作车用品配备工作流程，如图 1-4 所示。

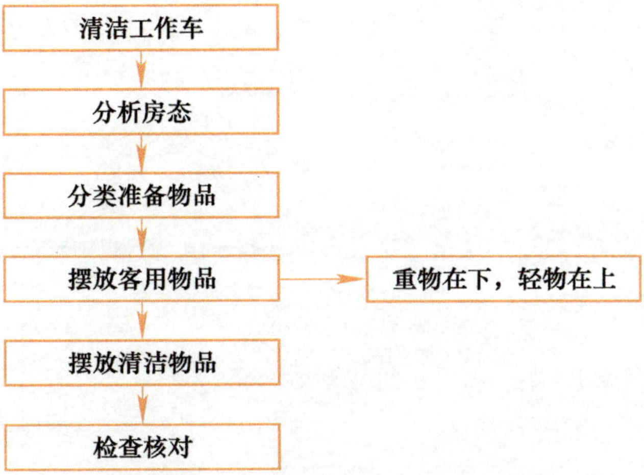


图 1-4　工作车用品配备工作流程

### 技能训练注意事项

1. 要求客房服务员认真查看房态。
2. 要认真清点核对所配备物品。
3. 工作车要清洁整齐。

## 学习评价

工作车用品配备训练评价表，见表 1-2。

表 1-2　工作车用品配备训练评价表

| | | | | | |
|---|---|---|---|---|---|
| 被考评人 | | | | | |
| 考评内容 | 工作车用品配备训练 | | | | |
| 考评标准 | 内　容 | 分值 / 分 | 自我评价 / 分 | 小组评议 / 分 | 教师评价 / 分 |
| | 清洁工作车 | 10 | | | |
| | 分析房态 | 10 | | | |
| | 分类准备物品 | 20 | | | |
| | 摆放客用品 | 20 | | | |
| | 摆放清洁用品 | 10 | | | |
| | 检查核对 | 10 | | | |
| | 组织与合作 | 10 | | | |
| | 态度积极主动 | 10 | | | |
| 合　计 | | 100 | | | |
| 综合职业素养（优、良、合格） | | | | | |

注：1. 实际得分 = 自我评价 ×30%+ 小组评议 ×30%+ 教师评价 ×40%。

2. 考评满分为 100 分，60 ～ 74 分为及格；75 ～ 84 分为良好；85 分以上为优秀（包括 85 分）。

# 项目二

# 客房清扫服务训练

客房是客人休息的地方，也是客人在酒店逗留时间最长的地方。客人在客房内会与各种设施用品充分接触，所以客房内的清洁卫生既是客人住房安全的要求之一，也是客人衡量酒店服务质量的重要指标之一。因此，客房清扫服务与质量控制是客房部管理工作的重中之重。

# 理论知识

## 一、清扫客房的标准时间

双人间：25 ～ 30min。

单人间：20 ～ 25min。

套间：50 ～ 60min。

按清扫一间客房平均需要 25 ～ 30min 的标准，美国的服务员每天要清扫的客房数量最少为 14 ～ 16 间，而我国大多数酒店服务员每天清扫的房间数量是 10 ～ 12 间。近年来，为适应激烈的市场竞争，减少人力资源开支，提高工作效率，我国酒店也开始加大服务员的工作量，将每天每位服务员的工作量提高到 15 间，基本符合国际标准。

## 二、客房清扫的一般原则和卫生标准

### 1．客房清扫的一般原则

各大酒店根据自身不同的特点，在客房清洁卫生的操作和管理中会有一些差异和各自的特色，但一般遵循以下几个清扫原则。

（1）先房间后卫生间：卫生间清洁是带水操作的，服务员的鞋底可能会有水渍，后清扫卫生间可以避免在房间走动造成的重复污染。

（2）先铺后擦：房间清扫应先铺床、后擦家具等物品。否则，铺床扬起的灰尘会重新落在家具等物品上。

（3）环形清理：按顺时针或逆时针方向在房间内进行环形清扫，可避免遗漏。

（4）由上到下：擦拭家具时应从上部擦起，逐渐向下擦。

（5）干湿分开：针对不同质地的家具，使用不同的抹布，干布和湿布交替使用。

（6）由里到外：最后的吸尘和检查工作由里向外进行，既能保证整洁，又可防止遗漏。

### 2．房间清洁卫生标准

（1）眼看到的地方无污迹。

（2）手摸到的地方无灰尘。

（3）设备用品无病毒。

（4）空气清新无异味。

（5）房间卫生达“十无”。

**知识链接**

十　无

| | |
|---|---|
| 天花墙角无蜘蛛网。 | 茶具、杯具消毒无痕迹。 |
| 地面干净无杂物。 | 铜器、银器光亮无锈污。 |
| 楼面整洁无害虫。 | 家具设备整洁无残缺。 |
| 玻璃、灯具明亮无积尘。 | 墙纸干净无污迹。 |
| 布件洁白无破烂。 | 卫生间清洁无异味。 |

## 三、清洁剂、清洁器具和清洁设备

做好客房的清洁保养工作，必须借助安全高效的清洁剂和现代化清洁器具。

（1）清洁剂可分为酸性、中性和碱性清洁剂三种基本类型。目前酒店常用的酸性清洁剂有盐酸、硫酸钠、草酸、马桶清洁剂和消毒剂等；中性清洁剂有多功能清洁剂和地毯清洁剂等；碱性清洁剂有玻璃清洁剂、家具蜡等。为了有效使用清洁剂，减少浪费，提高清洁保养工作的安全性，应对酒店常用清洁剂进行严格的管理与控制。

（2）酒店清洁器具的使用既是文明操作的标志，又是质量和效率的保证。传统的清洁器具有扫帚、簸箕、拖把、尘推、抹布、玻璃清洁器和油灰刀等。

（3）现代化的清洁设备有工作车（见图 2-1）、吸尘设备和洗地设备等。

图 2-1　工作车

## 四、客房的种类

客房的种类可以按照多种方法划分，如按照房间配备床的种类与数量划分、按照房间所处的位置划分等。目前，随着越来越多的特色酒店的出现，客房的种类已呈现多样化的发展趋势，以满足客人个性化的消费需求。

### （一）按照床的种类与数量分类

**1．单人间**

（1）单人间，单人床（Single Room，Single Bed）：如图 2-2 所示。

（2）单人间，双人床（Single Room，Double Bed）：如图 2-3 所示。

（3）单人间，沙发床（Single Room，Sofa Bed）：在房内放一张沙发，白天可以将客房用作会客室或办公室，晚上可将沙发拉开当床使用。

单人间比较舒适，而且客房的私密性较好，房价低于标准双人客房，比较适合从事商务旅游的单人使用。

图 2-2　单人间（单人床）

图 2-3　单人间（双人床）

**2. 双人间**

（1）双人床间（Double Room，Double Bed）：该房间放置一张双人床，一般适合夫妻或商务客人单人使用，如图 2-4 所示。

（2）双床间（Double Room，Twin Beds）：该房间放置两张单人床，通常被称为“标准间”（Standard Room），如图 2-5 所示。我国酒店的大多数客房属于这种类型，适合旅游团或会议团客人使用；也有的酒店在双床间配置两张双人床，以显示较高的客房规格。

图 2-4　双人床间

图 2-5　双床间

**3. 三人间**

三人间（Triple Room）配备三张单人床。这种房间在较低档次的酒店较为常见，适合经济层次的客人使用。目前在中高档酒店中此类房间较少，多以在双人间加折叠床的方式满足三人同住的要求，如图 2-6 所示。

**4. 套间**

套间（Suite Room）通常由两间或两间以上的房间组成。根据其使用功能、室内装饰和配备物品的标准，套间又可分为以下几种。

（1）普通套间（Junior Suite）：这种套间一般由两间组成，一间布置成起居室（Living Room），另一间布置成卧室（Bed Room），放置一张大床或两张单人床。由于其既可住宿，又有会客场所，所以适合全家人外出度假或商务客人使用，如图 2-7 所示。

图 2-6　三人间

图 2-7　普通套间

（2）豪华套间（Deluxe Room）：这种套间面积比普通套间大，设施设备比普通套间先进，一般由卧室、会客室、书房、餐厅、小厨房组成，卧室一般配备大号双人床或特大号双人床。在酒店中，该类房间价格昂贵，但数量不多，它代表酒店已具备豪华的级别，一般适合有经济实力的商务客人或知名人士使用，如图 2-8、图 2-9 所示。

图 2-8　豪华套间（卧室）

图 2-9　豪华套间（起居室）

（3）立体套间（Duplex Suite）：这是一种两层楼套房，楼上为卧室，楼下为起居室，设有小楼梯相连接，也称为“复式套间”，如图 2-10 所示。

（4）总统套间（Presidential Suite）：一般由 5 间以上的房间组成。男主人卧室和女主人卧室分开，男女卫生间分开。卧室内分别设有帝王床（King Size）和皇后床（Queen Size）。除此之外，总统套间内还设有会议室、书房、起居室、餐厅、厨房、随从房、警卫房等，通常四星级以上的酒店才会有此类客房。总统套间装饰布置极为讲究、造价昂贵，房价很高，所以此类客房的出租率低，但它可以提高酒店的档次和知名度。除了接待“总统”等国内外党政要人之外，只要有能力承受总统套间开支的客人同样可以享受“总统”的礼遇，如图 2-11、图 2-12 所示。

图 2-10　立体套间

图 2-11　总统套间（卧室）

图 2-12　总统套间（起居室）

## （二）按照房间所处的位置分类

### 1. 外景房

外景房（Outside Room）窗户朝向大海、湖泊、公园或景区，视野开阔，一般位于阳面，采光好，是一种较为理想的客房，如图 2-13 所示。

### 2. 内景房

内景房（Inside Room）窗户朝向酒店内，一般位于阴面，光线不好，视野不开阔，如图 2-14 所示。

图 2-13　外景房

图 2-14　内景房

划分外景房和内景房的意义在于酒店可以对这两种房间收取不同的房价，尤其在旅游旺季，当客房供给比较紧张的情况下，可适当提高外景房的价格。

### 3. 角房

角房（Corner Room）是位于走廊尽头角落的客房，因为形状比较特殊，无法正常装饰而不受欢迎。但正因为无法循规蹈矩，打破了标准间的呆板，反而使之受到某些追求个性的客人的青睐，如图 2-15 所示。

### 4. 连通房

连通房（Connecting Room）的两个相邻房间中间有一个连通门，打开连通门就是一个类似于套间的大房间。关上连通门就是各自独立的两个房间。淡季时通常将连通门打开，旺季时通常将连通门关闭。这可以满足客人的不同需求，提高客房利用率，如图 2-16 所示。

图 2-15　角房

图 2-16　连通房

**知识链接**

**主题客房**

客房是酒店产品的核心部分，客人多元化的需求使酒店不能仅仅拥有千篇一律的"标准"客房，还必须配置各种主题客房或楼层，使客人有一些新奇的享受和经历，能有一些与众不同的收获和感受。例如，目前许多酒店设有行政楼层和无烟楼层；根据客人的不同类型设计了老年客房、青年客房、新婚客房、女性客房、残疾人客房和儿童客房等；根据不同地域文化设计了各类"民俗客房"；根据不同的历史时代设计了史前客房和未来主流客房等；还有各具特色的文化客房，如电影套房和摇滚之夜套房等。

## 五、客房的功能布局与主要设备

### 1. 客房功能布局的基本原则

客房是酒店三大营业利润的重要来源，它是酒店设计中最具有挑战性的环节之一。客房是客人的"家外之家"，它必须既方便客人使用，又方便酒店管理。这里应该是一个私密的、舒适的，能满足休息、办公、娱乐、会谈等诸多使用需求的功能性空间。

（1）安全性：首先，客房设计必须注意防盗设施，房门上装有门镜、安全链和安全系数较高的磁卡钥匙，房内有保险箱。其次，表现在对火灾的预防上，设置烟感报警器、温感报警器与自动喷洒装置；客房设计中尽量采用难燃或不燃的建筑装修材料。最后，客房设计还要注意保护客人的隐私，要求安静、不受干扰。

（2）健康性：在客房设计时，必须重视照明度、隔音和空调的设计。目前流行的绿色酒店的创建，在很大程度上也是更加注重客人的健康性要求的体现。

（3）舒适性：客人对舒适感的要求各不相同，酒店业对此也没有统一的客观标准。总体来说，要考虑客房空间大小、家具的摆设、窗户的设计、装修的风格和客房设备用品配置等，以国际客人的习惯进行设计和评价，尽量满足大多数客人的要求。

（4）实用性：客房设计要注意实用性，合理利用空间，既方便客人的生活起居，又方便服务员的清洁操作，选择价廉物美、便于清洁和维护的室内用品和设备。

### 2. 客房的功能布局与主要设备用品

从功能上看，客房一般具备睡眠、盥洗、起居、办公、储存五大功能，因此在空间布局上相应地划分为 5 个基本区域，即睡眠区、盥洗区、起居区、办公区和储存区，见表 2-1。

**表 2-1　客房五大功能区域及主要设备用品**

| 功能区域 | 主要设备 | 主要用品 |
|---|---|---|
| 睡眠区 | ● 床<br>● 床头柜<br>● 床头灯 | ▲ 床上棉织品<br>▲ 一次性拖鞋、擦鞋纸 |
| 盥洗区 | ● 洗面台　● 毛巾架<br>● 浴缸　● 浴帘<br>● 便器　● 电话机<br>● 镜子　● 电源插座 | ▲ 洗发水　▲ 梳子<br>▲ 沐浴液　▲ 卫生间棉织品<br>▲ 香皂　▲ 卫生纸<br>▲ 牙具　▲ 面巾纸<br>▲ 漱口杯　▲ 洗衣袋 |
| 起居区 | ● 沙发<br>● 茶几<br>● 落地灯 | ▲ 茶具<br>▲ 茶叶 |
| 办公区 | ● 写字台　● 梳妆镜<br>● 椅子　● 电视机<br>● 台灯　● 电话 | ▲ 便签　▲ 信封<br>▲ 笔　▲ 针线包<br>▲ 信纸　▲ 服务指南 |
| 储存区 | ● 衣柜<br>● 行李柜<br>● 小冰箱 | ▲ 衣架<br>▲ 衣服刷<br>▲ 鞋拔子 |

知识链接

**绿色客房**

保护环境，崇尚自然，促进可持续发展是世界潮流，符合可持续发展思想的绿色酒店、绿色客房大行其道，受到经营者和客人的普遍推崇和欢迎。

“安全、健康、环保”是绿色酒店的主题。客房作为酒店的最重要的产品之一，在创建绿色酒店中占有非常重要的地位。“6R”原则是创建绿色客房的基本原则。

（1）减量化原则（Reducing）：减少不必要的客用品供应量；减少布件的洗涤次数；降低洗澡用热水的温度；减少客房的整理次数。但是酒店要时刻注意客人的要求和反馈，以客人的需求为主，以客人的满意为重，故客房通常配有绿色服务提示卡。

（2）废物利用原则（Reusing）：将废弃的床单改制成小床单、枕套、洗衣袋等，提高其利用率。

（3）再生利用原则（Recycling）：注意回收旧报纸、空瓶空罐，以便再生利用。

（4）替代使用原则（Replacing）：用布袋或竹篮替代塑料洗衣袋，用节能灯替代一般照明灯。

（5）添加使用原则（Refilling）：洗发水、沐浴液等用可添加的固定容器取代原来的小包装。

（6）维修再用原则（Repairing）：加强对客房设备设施的维修保养，延长其使用寿命。

在实施以上做法时，必须尊重客人的要求，引导客人而不是强制客人，既不能影响设备用品的使用效果，也不能降低服务质量。这些做法可通过告示牌或提示卡使客人知晓。

## 六、客房状态的种类

（1）住客房（Occupied，OCC）：客人正在住用的房间。

（2）走客房（Check Out，CO）：客人已退房离店，正在或即将打扫的房间。

（3）空房（Vacant，V）：暂无人租用，清扫干净可供出租的房间。

（4）维修房（Out Of Order，OOO）：因设备设施发生故障暂不能出租的房间。

（5）外宿房（Sleep Out，SO）：客房被租用，但客人夜晚未归，为防止发生逃账等意外情况，应将此种情况通知总台。

（6）请勿打扰房（Do Not Disturb，DND）：客人因睡眠或其他原因而不愿服务员打扰，将"请勿打扰"牌挂在门外的房间。

（7）携带少量行李住客房（Light Baggage，LB）：住客行李很少的房间，为防止逃账，应及时通知总台。

（8）贵宾房（Very Important Person，VIP）：重要客人的房间。

（9）长住房（Long Staying Guest，LSG）：长期由客人包租的房间。

## 七、根据客房状态，决定清扫顺序

### 1. 淡季的清扫顺序

淡季的清扫顺序如图2-17所示。

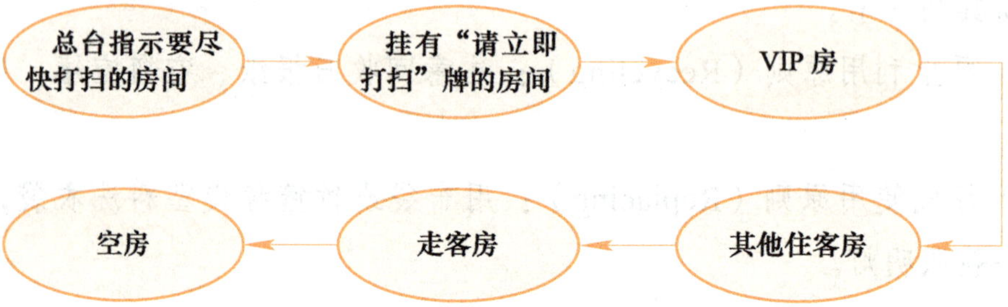


图2-17　淡季的清扫顺序

### 2. 旺季的清扫顺序

旺季的清扫顺序如图2-18所示。

客房清扫的顺序没有绝对的标准，要根据客人的具体情况临时决定、灵活调整，以尽量不打扰或少打扰客人为原则，尽量安排在客人外出时进行。

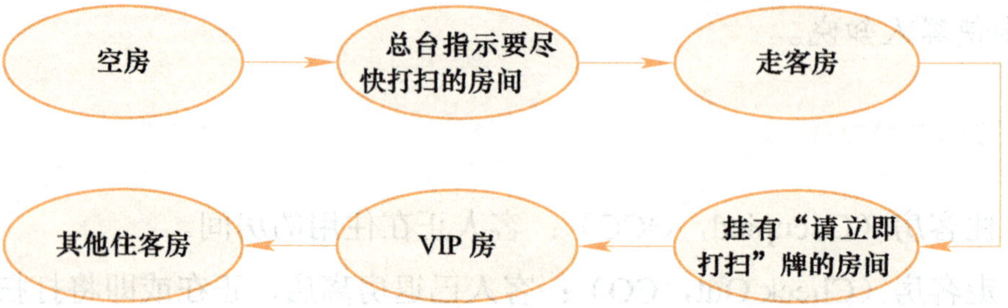


图2-18　旺季的清扫顺序

# 任务一　走客房清扫训练

## 能力点

能够按规范标准对走客房进行清洁服务。

走客房清扫

## 学习目标

熟练掌握走客房清扫程序，能在规定时间内高质量地完成一间标准客房、客房状态为走客房的清洁服务。

## 学习准备

**1．物品准备**

（1）工作车。擦拭工作车，将干净的垃圾袋和布件袋挂好；把棉织品、文具用品、烟灰缸、水杯及其他客用消耗品备好，整齐摆放；将清洁桶、各种清洁刷、各种清洁剂、干湿抹布和清洁手套备好。

（2）吸尘器。检查设备是否完好、可以使用，蓄尘袋是否倒空。

（3）领取房卡。

**2．场地准备**

4间标准客房，客房状态为走客房，能容纳20～30人进行实操训练。

**3．分组安排**

学生每5～8人为一组，在一间标准间中进行练习，一名学生练习清扫客房时，其他学生观摩并负责计时、打分，轮流练习。

**4．技能训练建议学时**

4学时。

## 技能训练

**1．进入房间**

敲门要轻轻敲3下，然后报“客房服务员”，确认房内无人，再用房卡将房门打开，记录进房时间。

2．停放工作车

将工作车停放在房门一侧，吸尘器放在房门口，将房门完全打开，并将工作车朝里横挡在门口。

3．巡视检查

检查小酒吧和小冰箱，检查房间设备设施及物品有无损坏和丢失，检查是否有客人遗留物品。

4．开窗通风

拉开窗帘，将窗户打开通风，顺便检查窗帘挂钩是否滑动顺畅，必要时可喷洒空气清新剂。关闭客房内的电器和照明灯。

5．清理垃圾杂物

清理烟灰缸（非全面禁烟地区的酒店或设有吸烟楼层、吸烟房的酒店，下同）和纸篓，将垃圾直接倒入工作车的垃圾袋里，注意检查烟头是否熄灭。撤出茶具、玻璃杯。

6．铺床

详细内容参见项目三。

7．擦尘并检查设备

按照环形清理、从上到下、干湿分开的原则擦尘，做到不留死角。每擦一件家具、设备都要留意检查是否有损坏，一经发现及时报告并安排维修。

8．整理卫生间

详细内容参见项目四。

9．补充客用物品

补充房间和卫生间内必备物品，按规定位置摆放好。

10．吸尘

从里到外吸尘，注意家具边角、床底下等不易清洁的地方，注意统一方向，理顺地毯毛。完成吸尘后注意理顺电源线并摆放整齐。

11．检查

站在房间门口环视房间，检查是否有遗漏的地方。

12．关门、登记

关闭房门并锁好，登记客房清扫日报表，见表 2-2。

表 2-2　客房清扫日报表

楼层：　　　　　　　　　　　　　　姓名：　　　　　　　　　　　　　　日期：

| 房号 | 房态 | 住客人数 | 时间 | | 撤换物品 | 补充物品 | 酒水 | 报修情况 | 备注 |
|---|---|---|---|---|---|---|---|---|---|
| | | | 进 | 出 | | | | | |
| | | | | | | | | | |
| | | | | | | | | | |
| | | | | | | | | | |
| | | | | | | | | | |
| | | | | | | | | | |
| | | | | | | | | | |
| | | | | | | | | | |

走客房清扫流程，如图 2-19 所示。

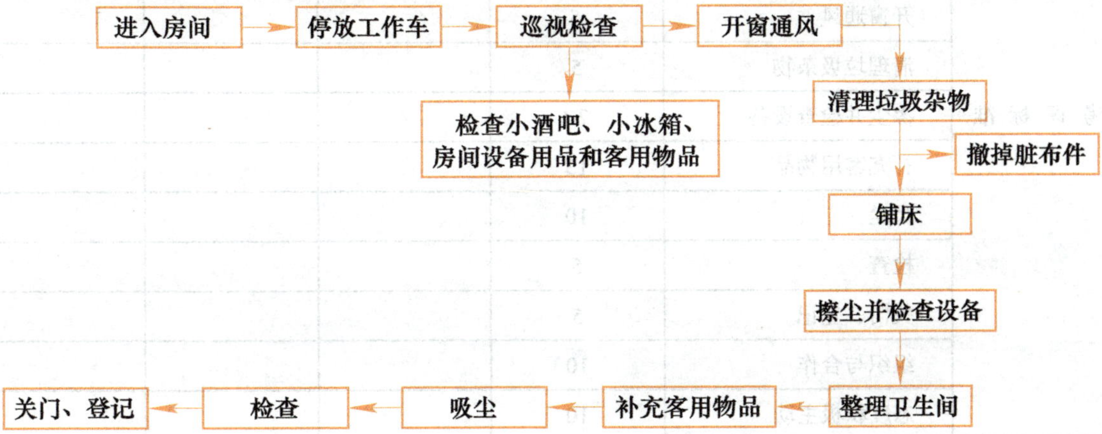


图 2-19　走客房清扫流程

## 技能训练注意事项

1．客房服务员接到通知后应尽快对客房进行彻底清扫，以保证客房的正常出租。

2．进入房间后先检查是否有客人遗留物品，房间设备用品是否有损坏或丢失。如发现以上情况，应及时通知总台处理。

3．撤换茶具并严格洗涤消毒。

4．对卫生间各个部位进行严格的洗涤消毒。

5．不得使用客用设施，不得使用或接听客房内的电话。

6．不能让闲杂人员进入房间。

7．不得将客用布件当作抹布使用，抹布要专项专用。

8．清扫合格后，立即通知总台，以便总台及时出租。

## 学习评价

走客房清扫训练评价表，见表2-3。

表2-3 走客房清扫训练评价表

| 被考评人 | | | | | |
|---|---|---|---|---|---|
| 考评内容 | 走客房清扫训练 | | | | |
| 考评标准 | 内容 | 分值/分 | 自我评价/分 | 小组评议/分 | 教师评价/分 |
| | 进入房间 | 5 | | | |
| | 停放工作车 | 5 | | | |
| | 巡视检查 | 5 | | | |
| | 开窗通风 | 5 | | | |
| | 清理垃圾杂物 | 5 | | | |
| | 擦尘并检查设备 | 20 | | | |
| | 补充客用物品 | 15 | | | |
| | 吸尘 | 10 | | | |
| | 检查 | 5 | | | |
| | 关门、登记 | 5 | | | |
| | 组织与合作 | 10 | | | |
| | 态度积极主动 | 10 | | | |
| 合计 | | 100 | | | |
| 综合职业素养（优、良、合格） | | | | | |

注：1. 实际得分＝自我评价×30%+小组评议×30%+教师评价×40%。
2. 考评满分为100分，60～74分为及格；75～84分为良好；85分以上为优秀（包括85分）。

### 知识链接

**禁烟条例**

2014年11月，卫生计生委起草的《公共场所控制吸烟条例（送审稿）》明确规定，所有室内公共场所一律禁止吸烟。截至目前，我国已有多个城市颁布了地方性禁烟法规。处于全面禁烟地区的酒店（如北京、上海等），要做好控烟工作，酒店公共区域及客房等地应张贴“禁止吸烟”标识，不摆放烟灰缸等物品，遇到吸烟顾客应及时制止；处于非全面禁烟地区的酒店或设有吸烟楼层、吸烟房的酒店，应严格禁止客人卧床吸烟，避免引发火灾。

# 任务二 住客房清扫训练

## 能力点

能够按规范标准对住客房进行清洁服务。

## 学习目标

熟练掌握住客房清扫程序，能在规定时间内高质量地完成一间标准客房、客房状态为住客房的清洁服务。

## 学习准备

**1. 物品准备**

（1）工作车。擦拭工作车，将干净的垃圾袋和布件袋挂好；把棉织品、文具用品、烟灰缸、水杯及其他客用消耗品备好，整齐摆放；将清洁桶、各种清洁刷、各种清洁剂、干湿抹布和清洁手套备好。

（2）吸尘器。检查设备是否完好、可以使用，蓄尘袋是否倒空。

（3）领取房卡。

**2. 场地准备**

4 间标准客房，客房状态为住客房，能容纳 20 ～ 30 人进行实操训练。

**3. 分组安排**

学生每 5 ～ 8 人为一组，在一间标准间中进行练习，一名学生练习清扫客房，其他学生观摩并负责计时、打分，轮流练习。

**4. 技能训练建议学时**

2 学时。

## 技能训练

**1. 进入房间**

敲门前要注意门上是否挂有“请勿打扰”的牌子，如果有则要推迟打扫时间。敲门要轻轻敲 3 下，然后报“客房服务员”，确认房内无人，再用房卡将房门打开；如果客人在房间，要征得客人同意后才可进入房间清扫，记录进房时间。

### 2．停放工作车

将工作车停放在房门一侧，吸尘器放在房门口，将房门完全打开，如果客人在房间内，则将工作车朝里只挡住房门口的1/3，以不妨碍客人进出。

### 3．巡视检查

检查小酒吧和小冰箱。

### 4．开窗通风

拉开窗帘，将窗户打开通风，顺便检查窗帘挂钩是否滑动顺畅，必要时可喷洒空气清新剂。如果客人不在房间，则关闭客房内的电器和照明灯。

### 5．清理垃圾杂物

清理烟灰缸和纸篓，将垃圾直接倒入工作车的垃圾袋里，注意检查烟头是否熄灭。撤出茶具、玻璃杯。

### 6．铺床

详细内容参见项目三。

### 7．擦尘并检查设备

按照环形清理、从上到下、干湿分开的原则擦尘，做到不留死角。每擦一件家具、设备都要留意检查是否有损坏，一经发现及时报告并安排维修。

### 8．整理卫生间

详细内容参见项目四。

### 9．补充客用物品

视客人使用情况补充房间和卫生间内必备物品，按规定位置摆放好。

### 10．吸尘

从里到外吸尘，注意家具边角、床底下等不易清洁的地方，注意统一方向，理顺地毯毛。完成吸尘后注意理顺电源线并摆放整齐。

### 11．检查

站在房间门口环视房间，检查是否有遗漏的地方。

### 12．关门、登记

关闭房门并锁好，登记客房清扫日报表，见表2-2。

住客房清扫流程，如图2-20所示。

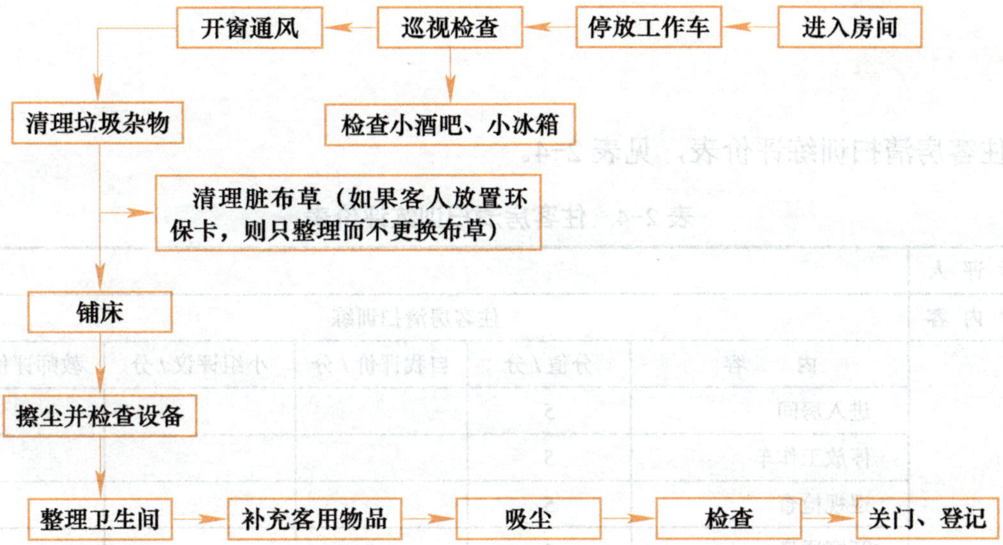


图 2-20 住客房清扫流程

## 技能训练注意事项

1．进房前要敲门，敲门声音不可过大、过急。若客人在房间内，则要征得客人同意后才可进入房间清扫，并注意将工作车只挡住房门口的1/3，以不妨碍客人进出。

2．操作要轻，程序要熟练，不能与客人长谈。

3．客人生病，要及时汇报。

4．客人携带违禁物品要及时汇报。

5．不能随便挪动客人物品，不翻动客人的抽屉和行李。如果因为清扫的需要而挪动了客人的物品，则一定要放回原位。

6．“请勿打扰”房超过14:00要及时汇报。

7．不得使用客用设施，不得使用或接听客房内的电话。

8．不能让闲杂人员进入房间内。

9．不得将客用布件当作抹布使用，抹布要专项专用。

10．若遇到有来访客人，要询问住客是否继续清扫。

11．离开房间时，应打开所有房内照明灯，客人进房后只需插上钥匙卡，灯就会自动亮起。

12．清扫完毕，询问客人是否还有其他需求，然后向客人行礼告别，退出房间，轻轻关上房门。

## 学习评价

住客房清扫训练评价表，见表2-4。

表2-4 住客房清扫训练评价表

| 被考评人 | | | | | |
|---|---|---|---|---|---|
| 考评内容 | 住客房清扫训练 | | | | |
| 考评标准 | 内 容 | 分值/分 | 自我评价/分 | 小组评议/分 | 教师评价/分 |
| | 进入房间 | 5 | | | |
| | 停放工作车 | 5 | | | |
| | 巡视检查 | 5 | | | |
| | 开窗通风 | 5 | | | |
| | 清理垃圾杂物 | 10 | | | |
| | 擦尘并检查设备 | 20 | | | |
| | 补充客用物品 | 15 | | | |
| | 吸尘 | 5 | | | |
| | 检查 | 5 | | | |
| | 关门、登记 | 5 | | | |
| | 组织与合作 | 10 | | | |
| | 态度积极主动 | 10 | | | |
| 合 计 | | 100 | | | |
| 综合职业素养（优、良、合格） | | | | | |

注：1. 实际得分＝自我评价×30%+小组评议×30%+教师评价×40%。
2. 考评满分为100分，60～74分为及格；75～84分为良好；85分以上为优秀（包括85分）。

# 任务三 空房清扫训练

### 能力点

能够按规范标准对空房进行清洁服务。

### 学习目标

熟练掌握空房清扫程序，能在规定时间内高质量地完成一间标准客房、客房状态为空房的清洁服务。

## 学习准备

**1．物品准备**

（1）工作车。擦拭工作车，将干净的垃圾袋和布件袋挂好；把棉织品、文具用品、烟灰缸、水杯及其他客用消耗品备好，整齐摆放；将清洁桶、各种清洁刷、各种清洁剂、干湿抹布和清洁手套备好。

（2）吸尘器。检查设备是否完好、可以使用，蓄尘袋是否倒空。

（3）领取房卡。

**2．场地准备**

4间标准客房，客房状态为空房，能容纳20～30人进行实操训练。

**3．分组安排**

学生每5～8人为一组，在一间标准间中进行练习，一名学生练习清扫客房，其他学生观摩并负责计时、打分，轮流练习。

**4．技能训练建议学时**

2学时。

## 技能训练

**1．进入房间**

轻轻敲房门3下，然后报“客房服务员”，确认房内无人，再用房卡将房门打开，记录进房时间。

**2．停放工作车**

将房门完全打开，工作车朝里横挡在门口，吸尘器放在房门口。

**3．通风换气**

开窗、开空调进行通风换气。

**4．擦尘并检查设备**

用干布擦拭家具、设备及物品上的浮尘，发现设备设施有故障要及时报修。

**5．卫生间放水**

将卫生间洗面台、浴缸、便器放水1～2min。

**6．吸尘**

从里到外吸尘，注意家具边角、床底下等不易清洁的地方，注意统一方向，理顺地毯毛。完成吸尘后注意理顺电源线并摆放整齐。

### 7. 检查

站在房间门口环视房间，检查是否有遗漏的地方。

### 8. 关门、登记

关闭房门并锁好，登记客房清扫日报表，见表2-2。

空房清扫流程，如图2-21所示。

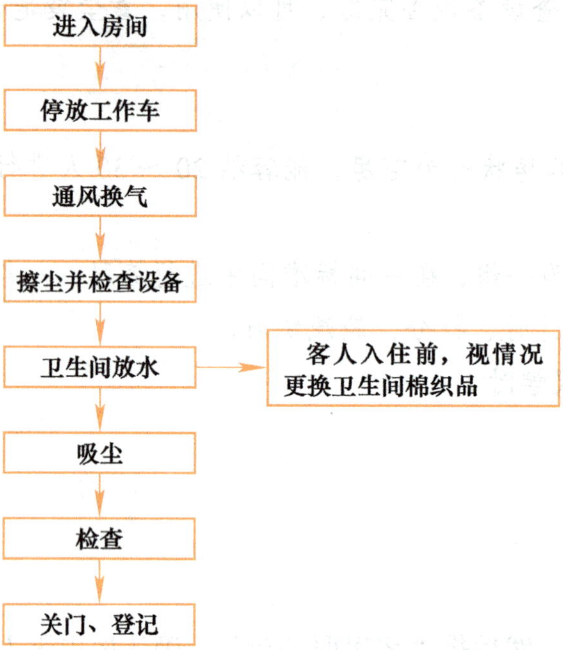


图2-21 空房清扫流程

## 技能训练注意事项

1. 不能因为是空房就降低清扫标准。
2. 连续空着的房间每隔几天要用吸尘器吸尘一次，不必每天吸尘一次。
3. 卫生间棉织品如果因干燥而失去弹性和柔软度，要在客人入住前更换。
4. 空房有人住过，要及时汇报。
5. 不得使用客用设施，不得使用或接听客房内的电话。
6. 不能让闲杂人员进入房间。
7. 不得将客用布件当作抹布使用，抹布要专项专用。

## 学习评价

空房清扫训练评价表，见表2-5。

表 2–5　空房清扫训练评价表

| 被考评人 | | | | | |
|---|---|---|---|---|---|
| 考评内容 | 空房清扫训练 | | | | |
| 考评标准 | 内　　容 | 分值 / 分 | 自我评价 / 分 | 小组评议 / 分 | 教师评价 / 分 |
| | 进入房间 | 5 | | | |
| | 停放工作车 | 5 | | | |
| | 通风换气 | 15 | | | |
| | 擦尘并检查设备 | 20 | | | |
| | 卫生间放水 | 10 | | | |
| | 吸尘 | 10 | | | |
| | 检查 | 10 | | | |
| | 关门、登记 | 5 | | | |
| | 组织与合作 | 10 | | | |
| | 态度积极主动 | 10 | | | |
| 合　计 | | 100 | | | |
| 综合职业素养（优、良、合格） | | | | | |

注：1. 实际得分 = 自我评价 ×30%+ 小组评议 ×30%+ 教师评价 ×40%。

2. 考评满分为 100 分，60 ～ 74 分为及格；75 ～ 84 分为良好；85 分以上为优秀（包括 85 分）。

**实践・案例**

## 要不要敲门

“当当当，当当当”，服务员小刘小心地敲着 1603 房的门。

小刘刚想敲第三次，门却突然打开了。一张充满怒气的脸出现在眼前。“没看到请勿打扰的灯亮着吗？敲什么门啊？我刚躺下一会儿就被你吵醒了。真是的！”小刘连忙看了一下手表说：“先生，对不起，现在已经是下午 2 点 40 分了，按规定，长时间亮着请勿打扰灯的房间，我们是要敲门的，以防客人发生意外。如果您不需要整理房间，那我就不整理了。对不起，打扰了。”

“你说什么？怕我出意外？我中午刚刚睡下，休息一会儿就会出意外？你胡说什么呀？”客人怒气更盛，声音也更大了。

“您的房间上午不就亮着请勿打扰灯吗？1603，没错，我的整理报告表上明明做着记号表明上午还亮着请勿打扰灯的呀。”小刘还在申辩着。

“上午我没睡觉，你不来做卫生。下午刚睡下，你就来敲门。真是的！算了，没时间跟你啰唆。”说完“砰”的一声重重地关上了门。小刘一下子呆住了，眼睛还直愣愣地望着门，似乎那张愤怒的脸还印在门上。

这时恰巧领班走了过来，问怎么回事。小刘说完刚才发生的事，两行热泪不由自主地流了下来……

评析：按规定从前一天晚上或上午亮着请勿打扰灯而下午依然亮着的，服务员是应当引起警惕的。问题在于客人前一天晚上或上午是否真的有意识打开了请勿打扰灯？或前一天晚上打开请勿打扰灯，上午忘记关掉？或因打开其他开关而无意中按下了请勿打扰灯？客人责怪说："上午我没睡觉，你不来做卫生。"这句话说明后两种情况的可能性更大些，说明上午虽然亮着请勿打扰灯，而客人并不知晓。假如是那样的话，客人中午刚睡下就被小刘吵醒，当然要发火了。

思考与启示：避免因客人失误而引起类似案例中的不愉快情形发生，服务中应注意什么？

答：1．请勿打扰灯开关不宜装在床头控制柜上。

2．楼层客情记录表上应记录请勿打扰灯开闭时间。

3．对于长时间亮着请勿打扰灯的房间，服务员最好不要擅自敲门，应报请领班处理。先给房间打电话比敲门效果好得多。

### "小气"的酒店

上午十点，小李来到南京向阳渔港大酒店紫金店的门口。门面果然气派豪华，但一进大堂，小李发现灯基本没开，光线只够看清走廊。

小李在礼仪小姐的引导下，走到电梯口。电梯口更暗，他忍不住问："你们怎么这么小气啊，难道不怕客人掉头就走？"礼仪小姐微笑着说："您先别急，我们酒店倡导绿色消费理念，为节约能源，不是高峰时间尽量少开灯，但在一些地方，我们有这个……"说着，她伸手一按，电梯口的灯就亮了。原来他们在必要的地方安装了触摸式定时电灯，人来灯亮，人走灯灭，果然动足脑筋。礼仪小姐笑着说："要说这是小气，那小气的地方还多着呢！"

"小气"不怕外扬，向阳渔港大酒店紫金店还把毛巾、餐巾、工作服等运到下关电厂，利用电厂的副产品——高温水蒸气进行洗涤，再次节约了大量水资源，又达到了杀菌效果。在店里洗涤用过的水，还会被他们用来冲洗洗手间，真是"小气"到家了。

评析：保护环境，崇尚自然，促进可持续发展是世界潮流，符合可持续发展思想的绿色酒店、绿色客房大行其道，受到经营者和客人的普遍推崇和欢迎。案例中酒店的"小气"做法非常值得我们学习和推广。

思考与启示：请根据以上内容，提出自己对"小气"的看法，并说明为什么。

# 项目三

# 铺床训练

铺床技能是客房服务员的基本功，是技术性和力量性较强的一个服务项目。铺床时既要保证质量，又要动作潇洒稳健。

## 理论知识

### 一、床具及床上用品的参考尺寸表

床具及床上用品的参考尺寸表，见表3-1。

表3-1　床具及床上用品的参考尺寸表　　（单位：cm）

| 床上用品 | 床具 | | |
|---|---|---|---|
| | 单人床（200×110×44） | 双人床（200×180×44） | 特大双人床（210×200×44） |
| 床垫保护垫 | 200×110 | 200×180 | 210×200 |
| 床单 | 260×170 | 270×240 | 290×270 |
| 毛毯 | 230×180 | 230×250 | 240×270 |
| 床罩 | 270×110（裙长44） | 270×180（裙长44） | 280×200（裙长44） |
| 棉被 | 230×180 | 230×250 | 240×270 |
| 被罩 | 235×185 | 235×255 | 245×275 |
| 枕芯 | 70×45 | 70×45 | 70×45 |
| 枕套 | 75×50 | 75×50 | 75×50 |

### 二、铺床方法的比较

中外酒店铺床的方法多种多样，但比较通用的有两种方法，即西式铺床法（见图3-1）和中式铺床法（见图3-2）。西式铺床法已流行很长时间，但由于它存在一些明显的弊端，现代酒店已开始对它进行改进，中式铺床法就是在西式铺床法基础上的一种改进。

图3-1　西式铺床法

图3-2　中式铺床法

## （一）西式铺床法的优缺点

1. 优点

（1）床面平整紧凑、挺括美观。

（2）视觉效果好。

（3）方便管理者检查。

2. 缺点

（1）由于包边包角扎实，所以不方便客人就寝。

（2）由于毛毯距床头有 25 ～ 30cm 的距离，所以不方便客人就寝时使用。

（3）毛毯和床罩不能经常洗，做不到一客一换。

（4）铺床程序麻烦，工作效率低，增加了物品成本和人工成本。

## （二）中式铺床法的优缺点

1. 优点

（1）棉被的使用大大增加了客人就寝时的舒适度。

（2）棉被的被罩可以一客一换，使用方便、卫生。

（3）铺床程序简化，工作效率提高，降低了物品成本和人工成本。

2. 缺点

中式铺床法没有西式铺床法整齐挺括。

**知识链接**

### 西式铺床法的其他改进方法

（1）铺上毛毯后，床两侧及床尾的毛毯和第二条床单自然下垂，不再掖入床垫下，将床尾毛毯和第二条床单齐床尾向上反折（其他步骤与西式铺床法完全相同）。这种方法不能出现第二条床单和毛毯拖地的现象，以距地面约 10cm 为宜。这种方法同样整齐美观，而且方便客人就寝，适合现有毛毯未到淘汰年限的酒店。

（2）第二条床单反面朝上，长出床头 25cm，毛毯上端与床头平齐，先将第二条床单长出床头的 25cm 往下翻包住毛毯上端，再将毛毯连同第二条床单在 25cm 处朝床尾方向折 25cm（其他步骤与西式铺床法完全相同）。这种方法克服了客人就寝时毛毯盖不到脖子的弊端，比较适合习惯于西式铺床法的外国客人使用。

（3）将毛毯换成棉被，棉被上端距床头25～30cm，将第二条床单上端长出部分沿棉被上端往下翻，包住棉被上端做被头，将床尾棉被和第二条床单齐床尾向上反折（其他步骤与西式铺床法完全相同）。这种方法克服了使用毛毯的弊端，增加了客人就寝时的舒适度。

# 任务一　西式铺床法训练

## 能力点

能够按规范标准进行西式铺床服务。

## 学习目标

熟悉西式铺床法的程序，能在规定时间内高质量地完成一张标准单人床的铺床服务。

## 学习准备

**1．物品准备**

以完成一张标准单人床的铺床服务所需物品为例。

（1）床：一张标准单人床。

（2）配套床上用品：床垫保护垫一个、床单两条、毛毯一条、枕芯两个、枕套两个、床罩一个。

**2．场地准备**

能摆放20张标准单人床，容纳30～40人进行技能训练的实训室。

**3．分组安排**

学生每两人为一组，一名学生练习铺床，另一名学生观摩并负责计时、打分，两人轮流练习。

**4．技能训练建议学时**

8学时。

## 技能训练

**1．将床拉出**

站在床尾将床慢慢拉出，离床头板 30 ～ 50cm。对正床垫，并注意床垫四边所标明的月份字样，按期翻转床垫，使其受力均匀平衡。

**2．撤毛毯**

将毛毯撤下，叠好放在椅子上待用，不要扔在地毯上。

**3．撤床单、枕套**

将客人用过的脏床单撤下，注意两条床单要一条一条地撤，确认里面没有客人的小件衣物或其他物品；撤枕套时动作要轻，不要硬拽；将撤下的棉织品直接放入工作车的布件袋内。

**4．铺第一条床单**

（1）抖单：站在床尾、床头或床的一侧的中间位置，抖开床单，正面朝上。

（2）定位：抖单时看准方向和距离，床单中线对正床垫中线。

（3）包角：床单四角包好床垫，将床的两侧包成四个 45° 角，床单要铺得紧绷平整。

**5．铺第二条床单**

（1）抖单：站在床尾、床头或床的一侧的中间位置，抖开床单，正面朝下。

（2）定位：抖单时看准方向和距离，床单中线对正床垫中线，床单头部与床头对齐。

**6．铺毛毯**

毛毯上端距床头 25 ～ 30cm 盖于第二条床单上，毛毯中线、第二条床单中线和第一条床单中线三线合一，毛毯商标朝外在床尾右下方；将第二条床单上端长出部分沿毛毯上端往下翻包住毛毯上端做被头；将床两侧下垂部分的毛毯和第二条床单一起掖入床垫下面；将床尾两个角包成 45° 角。

**7．套枕套、放枕头**

将枕芯塞入枕套，枕芯四角充满枕套四角，整平、拍松，放置于床的正中，两个枕头重叠摆放。枕头压毛毯 5 ～ 6cm，离床头 5 ～ 10cm。单人床将枕套口反向于床头柜摆放，双人床将枕套口相对摆放。

### 8. 盖床罩

将床罩盖在床上，床尾及两边定位，转角铺理平整，将床罩上端多余部分填入枕下和两枕中间，整理加工，使其美观。

### 9. 将床推回、检查

将床推回原位，检查，整理定型。

西式铺床法流程，如图 3-3 所示。

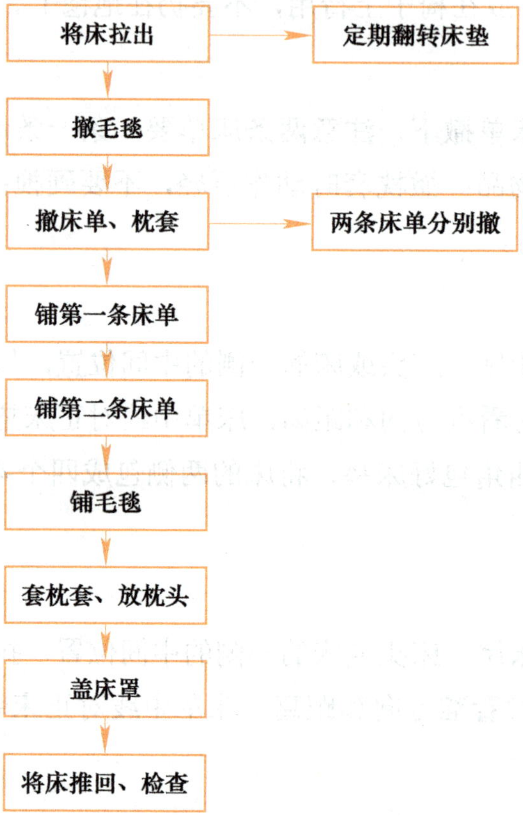


图 3-3　西式铺床法流程

#### 技能训练注意事项

1. 定期翻转床垫，有利于保养床垫，延长使用寿命。
2. 撤掉床单后，要注意检查褥垫上是否有脏迹。
3. 撤下的床罩和毛毯要稍加整理放在沙发或椅子上，与客人的物品分开。
4. 撤下的床单和枕套直接放在布件袋内。
5. 抖床单时要注意客人放在床头柜上的小件物品。
6. 铺床时不要用手梳理自己的头发，防止头发掉入床单。

7. 注意不要把口红印在棉织品上。

8. 发现有破损的或未洗干净的床上棉织品时要及时更换。

9. 不要跪坐在床上操作。

## 学习评价

西式铺床法训练评价表，见表 3-2。

**表 3-2 西式铺床法训练评价表**

| 被考评人 | | | | | | |
|---|---|---|---|---|---|---|
| 考评内容 | 西式铺床法训练 | | | | | |
| 考评标准 | 内容 | | 分值/分 | 自我评价/分 | 小组评议/分 | 教师评价/分 |
| | 准备工作/10分 | 将床拉出 | 2 | | | |
| | | 撤床上棉织品时动作轻、不硬拽 | 3 | | | |
| | | 注意检查是否有客人用品 | 2 | | | |
| | | 把床上棉织品放在适当位置 | 3 | | | |
| | 第一条床单/15分 | 一次到位 | 3 | | | |
| | | 不偏离中心线，正面朝上 | 2 | | | |
| | | 平整包住床垫 | 5 | | | |
| | | 四角包角均匀、一致 | 5 | | | |
| | 第二条床单/15分 | 一次到位 | 5 | | | |
| | | 不偏离中心线，正面朝下 | 5 | | | |
| | | 床单头部与床头对齐 | 5 | | | |
| | 毛毯/20分 | 一次到位 | 5 | | | |
| | | 不偏离中心线，商标在右下方 | 3 | | | |
| | | 做出被头 | 2 | | | |
| | | 床两侧下垂的毛毯和床单掖入床垫下 | 5 | | | |
| | | 床尾包角均匀一致 | 5 | | | |
| | 枕头/10分 | 枕芯塞入枕套，枕芯四角充满枕套四角 | 5 | | | |
| | | 枕头压毛毯5～6cm，离床头5～10cm | 3 | | | |
| | | 枕套口反向床头柜摆放 | 2 | | | |
| | 床罩/10分 | 床面平整美观 | 5 | | | |
| | | 床罩上端多余部分填入枕下和两枕中间 | 3 | | | |
| | | 床尾两角垂直挺括 | 2 | | | |
| | 组织与合作 | | 10 | | | |
| | 态度积极主动 | | 10 | | | |
| 合计 | | | 100 | | | |
| 综合职业素养（优、良、合格） | | | | | | |

注：1. 实际得分＝自我评价×30%+小组评议×30%+教师评价×40%。

2. 考评满分为100分，60～74分为及格；75～84分为良好；85分以上为优秀（包括85分）。

说明：

（1）操作要求：

1）标准操作时间为 3min（包括撤床时间），每提前 10s 加 5 分，每超时 10s 扣 5 分。

2）铺床过程中不能跑动，违规一次扣 2 分。

3）铺床过程中不能跪坐床，违规一次扣 2 分。

4）操作轻松而有节奏，不忙乱，可增加总体印象分 5 分。

（2）你的实际用时为：______________。

（3）你的最后得分为：______________。

最后得分 = 实际得分 + 提前分 – 超时分 – 违规分 + 印象分

## 任务二　中式铺床法训练

中式铺床

### 能力点

能够按规范标准进行中式铺床服务。

### 学习目标

熟悉中式铺床法的程序，能在规定时间内高质量地完成一张标准单人床的铺床服务。

### 学习准备

**1．物品准备**

以完成一张标准单人床的铺床服务所需物品为例。

（1）床：一张标准单人床。

（2）配套床上用品：床垫保护垫一个、床单一条、被芯一条、被罩一个、枕芯两个、枕套两个。

**2．场地准备**

能摆放 20 张标准单人床，容纳 30 ～ 40 人进行技能训练的实训室。

**3．分组安排**

学生每两人为一组，一名学生练习铺床，另一名学生观摩并负责计时、打分，两人轮流练习。

**4．技能训练建议学时**

4 学时。

## 技能训练

**1. 将床拉出**

站在床尾将床慢慢拉出，离床头板 30 ～ 50cm。对正床垫，并注意床垫四边所标明的月份字样，定期翻转床垫，使其受力均匀平衡。

**2. 撤被罩、床单、枕套**

将客人用过的床单撤下，确认里面没有客人的小件衣物或其他物品；撤被罩、枕套时动作要轻，不要硬拽。将撤下的棉织品直接放入工作车的布件袋内。

**3. 铺床单**

（1）抖单：站在床尾、床头或床的一侧的中间位置，抖开床单，正面朝上。

（2）定位：抖单时看准方向和距离，床单中线对正床垫中线。

（3）包角：床单四角包好床垫，将床的两侧包成 4 个 45° 角，床单要铺得紧绷平整。

**4. 套枕套、放枕头**

将枕芯塞入枕套，枕芯四角充满枕套四角，整平、拍松，放置于床的正中，两个枕头重叠摆放。单人床将枕套口反向于床头柜摆放，双人床将枕套口相对摆放。

**5. 套被罩、放棉被**

先将被罩反面朝外平放在床上，再把棉被放在被罩上，注意上下对齐，然后从被罩开口处将手伸入，抓住被罩和棉被的两角，顺势将被罩连同棉被一起翻转，使被罩正面朝外，套好。将套好被罩的棉被平铺于床上，被子的长度应超出床垫 20 ～ 30cm，宽度应多出床垫 20 ～ 40cm。

**6. 将床推回、检查**

将床推回原位，检查，整理定型。

中式铺床法流程，如图 3-4 所示。

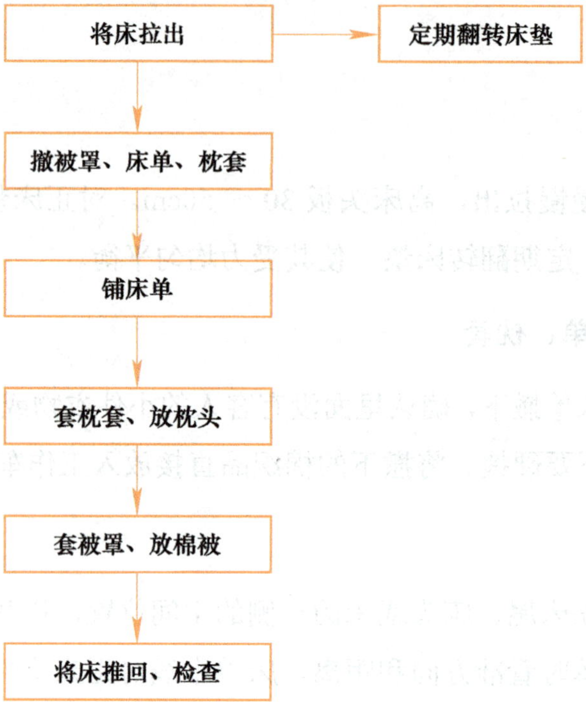


图 3-4　中式铺床法流程

### 技能训练注意事项

1. 定期翻转床垫，有利于保养床垫，延长使用寿命。
2. 撤掉床单后，要注意检查褥垫上是否有脏迹。
3. 撤掉被罩后要注意检查被芯是否有脏迹。
4. 被芯要稍加整理放在沙发或椅子上，与客人的物品分开。
5. 撤下的被罩、床单和枕套直接放在布件袋内。
6. 抖床单时要注意客人放在床头柜上的小件物品。
7. 铺床时不要用手梳理自己的头发，防止头发掉在床单上。
8. 发现有破损的或未洗干净的床上棉织品时要及时更换。
9. 不要跪坐在床上操作。

## 学习评价

中式铺床法训练评价表，见表 3-3。

**表 3-3 中式铺床法训练评价表**

| 被考评人 | | | | | | |
|---|---|---|---|---|---|---|
| 考评内容 | 中式铺床法训练 | | | | | |
| 考评标准 | 内容 | | 分值/分 | 自我评价/分 | 小组评议/分 | 教师评价/分 |
| | 准备工作/10分 | 将床拉出 | 2 | | | |
| | | 撤床上棉织品时动作轻、不硬拽 | 3 | | | |
| | | 注意检查是否有客人用品 | 3 | | | |
| | | 把床上棉织品放在适当位置 | 2 | | | |
| | 铺床单/20分 | 一次到位 | 5 | | | |
| | | 不偏离中心线，正面朝上 | 5 | | | |
| | | 平整包住床垫 | 5 | | | |
| | | 四角包角均匀、一致 | 5 | | | |
| | 枕头/10分 | 枕芯塞入枕套，枕芯四角充满枕套四角 | 5 | | | |
| | | 枕套口反向床头柜摆放 | 5 | | | |
| | 棉被/30分 | 套被罩 | 20 | | | |
| | | 将棉被平铺于床上 | 10 | | | |
| | 整理检查/10分 | 将床推回原位 | 5 | | | |
| | | 整理定型 | 5 | | | |
| | 组织与合作 | | 10 | | | |
| | 态度积极主动 | | 10 | | | |
| 合计 | | | 100 | | | |
| 综合职业素养（优、良、合格） | | | | | | |

注：1. 实际得分 = 自我评价 ×30%+ 小组评议 ×30%+ 教师评价 ×40%。
2. 考评满分为 100 分，60 ～ 74 分为及格；75 ～ 84 分为良好；85 分以上为优秀（包括 85 分）。

**说明：**

（1）操作要求：

1）标准操作时间为 2.5min（包括撤床时间），每提前 10s 加 5 分，每超时 10s 扣 5 分。

2）铺床过程中不能跑动，违规一次扣 2 分。

3）铺床过程中不能跪坐床，违规一次扣 2 分。

4）操作轻松而有节奏，不忙乱，可增加总体印象分 5 分。

（2）你的实际用时为：______________。

（3）你的最后得分为：______________。

最后得分 = 实际得分 + 提前分 – 超时分 – 违规分 + 印象分

**实践·案例**

### 褥垫上的污渍

北京某酒店客房部这几天接待一个会议团体，客人很多，所以客房服务员的工作量很大。某实习生正在一间走客房内铺床，他急急忙忙撤下床单，发现褥垫上有一块污渍，因为还有许多房间要打扫，没顾上撤换褥垫，就将干净的床单铺上，包好了。没想到这间房恰巧是一位重要客人的房间，客房部经理亲自来查房，发现了褥垫上的污渍，十分生气。经理说："不论是什么客人住这间房，如果发现褥垫上有污渍，会觉得非常不舒服，会严重影响客人的情绪，休息也不会安心，很可能使其在北京的整个行程都不愉快，甚至会拒付房费，失去客人，酒店还会蒙受损失，后果是十分严重的。"经理要求这位实习生做出深刻的检讨，并给予处罚。

评析：客房的清洁卫生是住店客人最敏感的问题，为满足住客的求洁心理，服务员必须严格按清扫程序和卫生标准来操作，不允许马虎和偷工减料，擅自减少工作程序。客房清洁整理工作中的标准化、程序化是极其重要的，每位员工都必须以高度负责的态度，严格按标准操作，才能使客人安心、满意。

思考与启示：铺床时，对褥垫的操作标准是什么？

答：撤掉脏床单后，要检查褥垫。若褥垫没有污渍，可按规范铺床；若褥垫有污渍，则应该将这个褥垫撤掉换新的。

# 项目四

# 卫生间清扫服务训练

卫生间是客人沐浴、梳洗化妆的场所，不少设备用品都要与客人的皮肤直接接触，因此备受客人关注。卫生间是否清洁美观、是否达到卫生标准，直接关系到客人的身体健康。因此，卫生间的清洁工作是客房清洁服务的重点，同时也是酒店等级水平的重要标志之一。

## 理论知识

### 一、卫生间清洁标准

卫生间主要设备保持洁白光亮，无污迹、无锈迹及无尘土。

卫生间应达到无水迹、无皂迹、无异味及无毛发的标准。

### 二、卫生间主要设备及保养要点

#### 1. 卫生间主要设备

卫生间设备主要有“三大件”，即洗面台、浴缸和便器。另外，还有面镜、毛巾架、浴帘、浴凳和通风设备等。

（1）洗面台：洗面台（见图 4-1）由洗面盆和云石台组成。洗面盆镶嵌在大理石或人造大理石铺设的云石台里，并配冷热水龙头，前面墙面装设一面镜子，侧面可装放大镜，以供客人剃须或化妆用，有的酒店还在镜子背面装设除水雾装置。

云石台上摆放各种梳洗、化妆用品，侧面墙上装有吹风机和电话分机。

云石台大小没有统一的标准，但高度一般是 80cm，这对标准身高的人来说是最适宜的高度。

（2）浴缸：浴缸（见图 4-2）有冷热水龙头，并带有淋浴喷头——既能固定也能手拿。浴缸底部采用防滑结构，浴巾架固定在淋浴喷头对面的墙上，浴帘杆固定在浴缸上方两头。另外，还有活动晾衣绳供客人晾衣使用。

图 4-1　洗面台

图 4-2　浴缸

豪华客房的浴缸还可以装上能产生旋涡的装置，或在卫生间装上带有小型电动蒸汽发生器的桑拿浴装置。

（3）便器：便器分坐式（见图 4-3）和蹲式（见图 4-4）两种，一般房间只装坐便器，豪华房间两种都有，并在坐便器旁设有冲洗器。

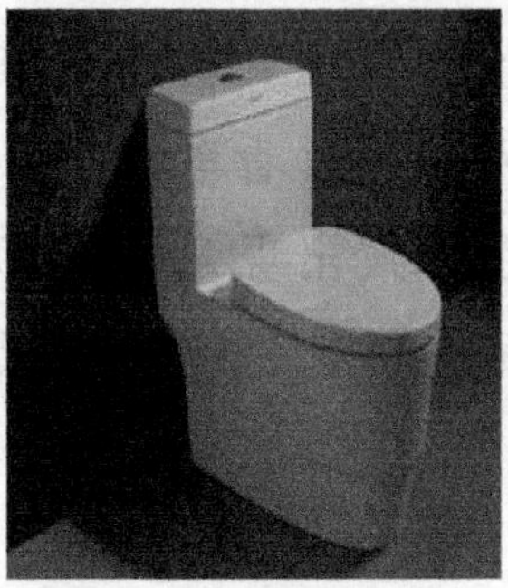

图 4-3 便器（坐式）

图 4-4 便器（蹲式）

卫生间除去“三大件”，淋浴间也需要进行重点清洁和保养。淋浴间（见图 4-5）一般为玻璃房，玻璃门边缘装有胶条，既能防水渗出，也能使玻璃门开关时更轻柔、安静。淋浴间内设有摆放洗浴用品的格或架，以及淋浴喷头（可出冷水和热水）、防滑垫等。

图 4-5 淋浴间

2. 卫生间保养要点

（1）擦拭洗面台、浴缸和便器既要保持清洁，又要保持其原有的光泽。

（2）用中性洗涤剂清洗各种设备。

（3）所有金属设施每天要用干抹布擦净、擦亮。

（4）定期检查上下水道和水箱，及时处理隐患。

**知识链接**

**卫生间革命**

在酒店客房的各类变化中，卫生间的变化带有革命性和根本性，主要变化趋势有：①卫生间面积扩大，并向分室布置发展；②卫生间梳妆镜装设除水雾装置，并增设带放大功能的小镜子，方便女士化妆和男士剃胡须使用；③卫生间内除装有电话分机外，还增加小电视，方便客人随时收看电视节目；④增设美发设备和称重装置；⑤增加紧急呼叫按钮，防止客人出现意外；⑥地面和墙面向大理石装饰过渡，为克服冰凉感，地面满铺尼龙地毯；⑦为降低噪声，卫生间不用排风扇排风，而是用管井集中排风。

## 三、卫生间主要用品及一般配备要求

**1. 棉织品**

（1）大浴巾两条（137cm×65cm）。

（2）小浴巾两条（100cm×34cm）。

（3）面巾两条（76cm×34cm）。

（4）地巾两条（80cm×50cm）。

（5）方巾两条（30.5cm×30.5cm）。

**2. 洗漱用品**

（1）香皂两块（每块净重不低于25g）。

（2）浴液、洗发液、护发素两套（每件净重不低于25g）。

（3）漱口杯、牙刷、牙膏两套（每支牙膏净重不低于8g）。

（4）浴帽两个。

（5）梳子两把。

**3. 其他用品**

（1）卫生纸两卷。

（2）面巾纸两盒。

（3）卫生袋两个。

（4）洗衣袋两个。

（5）浴帘一条。

（6）防滑垫一块。

（7）污物桶一只。

（8）体重计一台。

**知识链接**

**卫生间一次性消耗品的去留**

与国际接轨、注重环保、实现绿色酒店是酒店业发展的必然趋势。卫生间里的一次性消耗品确实存在浪费严重、污染环境的弊端，很多酒店已开始不提供这些用品。但是这样做会给客人带来诸多不便，所以可以借鉴许多国外酒店的做法：将大瓶的洗手液、浴液、洗发液、护发素等固定在墙上，而且可以随时补充，不受是否更换客人的限制，客人可以挤压取用。这样做既方便客人使用、避免浪费，又利于环境保护。

# 任务　卫生间清扫训练

## 能力点

能够按规范标准进行卫生间清洁服务。

卫生间清扫

## 学习目标

熟练掌握卫生间清扫程序以及各种设施用品的摆放、维护、保养程序，能高效率、高质量地完成卫生间的清洁服务。

## 学习准备

**1．物品准备**

清洁刷、清洁剂、3～5块抹布、专用手套和小垫毯。

**2．场地准备**

4间标准客房，能容纳20～30人进行实操训练。

**3．分组安排**

学生每5～8人为一组，在一间标准间中进行练习，一名学生练习清扫卫生间，其他学生观摩并负责计时、打分，轮流练习。

**4．技能训练建议学时**

6学时。

## 技能训练

**1. 开灯、开换气扇**

打开灯，并打开换气扇。

**2. 便器冲水**

环形倒入清洁剂先浸泡再冲水。

**3. 撤脏棉织品、垃圾**

将客人用过的棉织品、洗漱用品和垃圾撤出，棉织品直接放入工作车的布件袋中，垃圾直接放进工作车的垃圾袋中。

**4. 清洗洗面台**

先用专用清洁剂擦洗洗面盆及金属镀件，然后放水冲洗，再用抹布将面台上、面盆内和金属镀件上的水迹擦干。

**5. 清洗浴缸和淋浴间**

（1）清洗浴缸：先将浴缸的活塞关闭，放一些热水和清洁剂在里面，然后用浴缸刷刷洗浴缸内外、浴缸底部、周围墙壁和皂盒；将浴帘放进浴缸中清洗；将活塞打开，用沐浴喷头放水冲洗；用浴缸抹布擦干所有水迹并擦亮所有金属镀件；将浴帘擦干并将浴帘下摆放入浴缸内；清洗浴缸的同时可以擦洗瓷砖墙面，用百洁布蘸清洁剂从上到下擦拭，然后用清水冲洗干净，再用干布擦干、擦亮。

（2）清洗淋浴间：用专用工具清洁玻璃墙面、水龙头、淋浴喷头、防滑垫、地漏等，清洗完毕后用清水清洗并擦干，达到无水迹、无污垢、无毛发的标准。

**6. 刷洗便器**

用便器刷刷洗便器盖、垫圈、内壁及下水口；放水冲洗，同时用便器刷搅动；用抹布擦干水箱、便器盖、垫圈和便器外壁，并擦亮电镀冲水柄。

**7. 擦镜子**

先用一块湿抹布擦拭一遍，再用一块干抹布擦亮，注意擦拭镜子下方的水点和污迹，最好使用擦镜子专用的清洁剂，以保护镜面的持久，同时检查镜子上方的照明灯。

8. **擦拭并检查设备**

用专用的干抹布擦拭面巾杆、毛巾架、浴帘杆、电源面板和纸巾架，同时检查水龙头、“三大件”（洗面台、浴缸、便器）的下水、灯、电话和吹风机是否有故障，发现问题要及时报修。

9. **补充用品**

棉织品及消耗品按规范摆放，卫生纸和面巾纸摆放时将纸头叠成三角形。

10. **清洗地面**

用专用抹布从里到外将地面擦净、擦干，尤其注意将地漏处擦干净。

11. **检查、关灯**

站在卫生间门口环视检查，将清洁用具带出，关灯并将门虚掩。

12. **填写清洁报告**

登记客房清扫日报表，见表 2-2。

卫生间清扫流程，如图 4-6 所示。

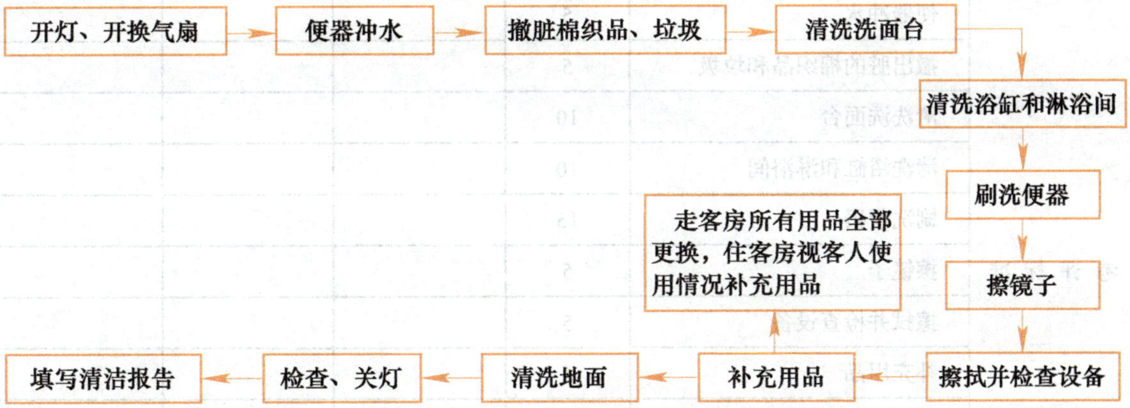


图 4-6 卫生间清扫流程

**技能训练注意事项**

1. 清理卫生间时应专备一条小垫毯，放在门口，防止卫生间门口的地毯受潮、玷污、发霉，影响房间地毯的整体美观。

2. 浴帘要经常通风透气，否则容易产生霉斑点。

3. 电镀部位必须完全擦干，否则会失去光泽、留下深色的斑点，严重时还会生锈，可涂一层薄蜡保护。

4．洗面盆和浴缸的活塞必要时要拿下来进行彻底清洗，再重新安好、拧紧。

5．淋浴间地漏每次都要及时、彻底清理。

6．抹布要专项专用，绝不可以用撤换下来的脏布件当作抹布使用。

7．必须使用合适的清洁剂，否则不利于卫生间设备的保养，会降低质量、缩短使用寿命。

## 学习评价

卫生间清扫训练评价表，见表4-1。

表4-1 卫生间清扫训练评价表

| 被考评人 | | | | | |
|---|---|---|---|---|---|
| 考评内容 | 卫生间清扫训练 | | | | |
| 考评标准 | 内容 | 分值/分 | 自我评价/分 | 小组评议/分 | 教师评价/分 |
| | 开灯、开换气扇 | 5 | | | |
| | 便器冲水 | 5 | | | |
| | 撤出脏的棉织品和垃圾 | 5 | | | |
| | 清洗洗面台 | 10 | | | |
| | 清洗浴缸和淋浴间 | 10 | | | |
| | 刷洗便器 | 15 | | | |
| | 擦镜子 | 5 | | | |
| | 擦拭并检查设备 | 5 | | | |
| | 补充用品 | 5 | | | |
| | 清洗地面 | 5 | | | |
| | 检查、关灯 | 5 | | | |
| | 填写清洁报告 | 5 | | | |
| | 组织与合作 | 10 | | | |
| | 态度积极主动 | 10 | | | |
| 合计 | | 100 | | | |
| 综合职业素养（优、良、合格） | | | | | |

注：1．实际得分＝自我评价×30%+小组评议×30%+教师评价×40%。
2．考评满分为100分，60～74分为及格；75～84分为良好；85分以上为优秀（包括85分）。

实践·案例

## 一副假牙引起的风波

一位香港客人住进一家大酒店。一天中午，他怒气冲冲地找到大堂副理投诉，说客房服务员打扫房间时，将他的一副价值8 000港币的假牙弄丢了，要求酒店赔偿。

酒店接到投诉后，立即进行了调查。这位香港客人的一副假牙是头天晚上取下来放在卫生间漱口杯里的。第二天，客房服务员在打扫卫生间时，粗心大意，随手将水杯中的水和泡在水中的假牙倒进了马桶里。客人投诉成立，酒店应负有赔偿责任。酒店立即找来工人，把下水道翻了个底朝天，整整花了一天的时间，好不容易才从污物中找到了假牙。但客人说，这副假牙已严重污染，根本不能用了，坚持要求酒店赔偿。无奈，酒店只得照价赔偿。

评析：在客房清扫过程中必须严格按照操作程序进行，服务员对于属于客人的东西，只能稍加整理，不能随意挪动位置，更不能将客人的东西或客人用过的东西自作主张地进行处理，只要客人没有扔进垃圾袋中的东西，就要谨慎对待，不能随意扔掉。

思考与启示：在清扫客房时除了按照规范的程序操作外，还需要怎样的工作态度？

答：“细微之处见功夫”，养成细心负责的工作作风，认真按服务程序与规范去操作，才能保持酒店较高的服务水准，避免此类不愉快的事情发生。

## 被忽略的抽水马桶

一辆进口大型豪华面包车，在华北某一刚被评上三星级的酒店停下。车上50余位德国客人鱼贯而下，大堂接待员、行李员、保安员互相配合，客人很快被一一安排进房间。20min后，大堂副理接到612房间一位老太太打来的电话，投诉说，洗手间马桶水箱里没水。大堂副理答应马上派人前去修理。不到5min，一位工程维修人员出现在612房间，他先代表酒店向客人道歉，接着便熟练地动手干了起来。一会儿的工夫，故障就全部排除了，水箱里很快注满了水。

大堂副理做出修理安排后立即与客房部联系，了解该房情况并查明此系一领班的责任——把非OK房报成了OK房。

这支德国团队早在两周前就在该酒店预订了房间，前厅部在前一天已作了安排。612房间原住着一对西班牙夫妇，当天中午前办理了离店手续，早上服务员清扫过房间后，领班也按程序检查过了，但未发现抽水马桶水箱无水的问题，并报告说这间走客房一切正常。中午客人走后，前厅部又一次通知了客房部，要求再检查一遍，岂知领班又把水箱给忽略了。领班两次查房，均未发现洗手间的问题，最后导致客人投诉，情况是严重的。

事后，大堂副理赶到612房间，再次郑重地向德国客人致歉，同时要求客房部按程序重新检查一遍所有客房，并把该事情经过写进当天的大事记录本中。

评析：酒店领班身兼服务员、指挥员和检查员数职，是酒店第一线的基层管理者，责任非常重大。他们的工作强度确实很大，但是不能因为工作繁忙劳累便可以降低要求。

思考与启示：对于本案例中的工作失误，酒店应如何改进？

答：1. 做好对基层管理者的培训工作，严格执行客房清洁质量的检查程序和方法，加强敬业精神、工作责任心的培训。

2. 多关心他们的思想动态和工作情况，认真分析失误的原因，制定改正措施。

3. 支持他们的工作。

# 项目五

# 公共区域与其他清洁服务训练

酒店公共区域是酒店的重要组成部分。酒店公共区域的清洁保养水准直接影响或代表整个酒店的经营水准。酒店公共区域的设施设备很多，其清洁保养工作直接影响到酒店的正常运行以及设施设备的使用寿命。因此，做好酒店公共区域的清洁保养工作有着特别重要的意义。

# 理论知识

## 一、酒店公共区域主要清洁任务

酒店公共区域主要清洁任务如图 5-1 所示。

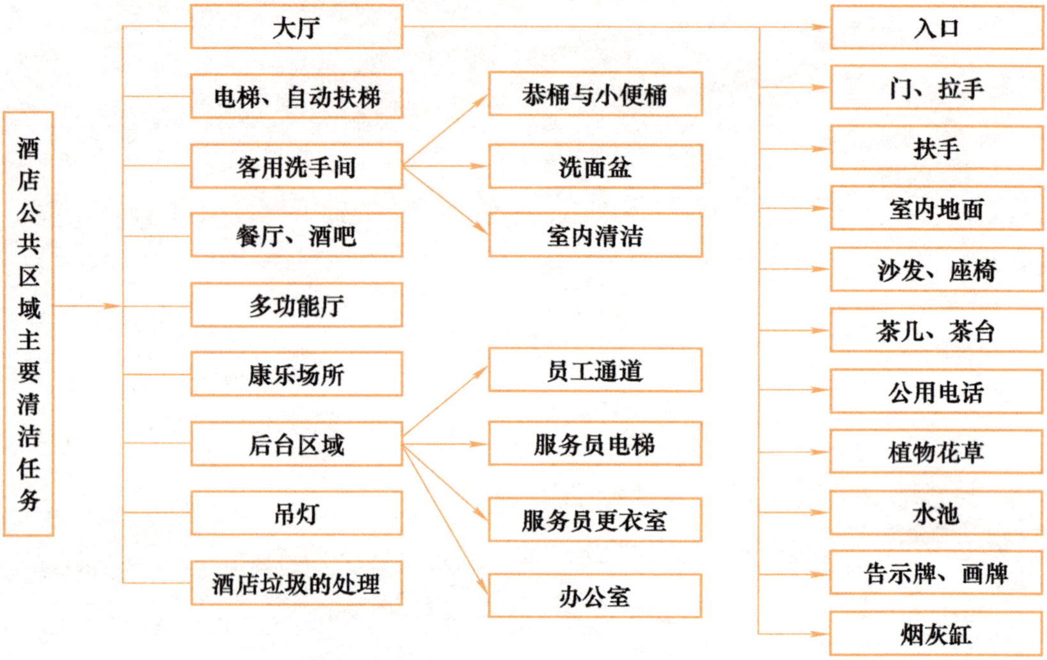


图 5-1 酒店公共区域主要清洁任务

## 二、酒店公共区域清洁保养工作的特点

（1）众人瞩目，要求高，影响大。

（2）范围广泛，情况多变，任务繁重。

（3）专业性较强，技术含量较高。

## 三、酒店公共区域清洁保养的业务范围

（1）酒店室内和室外的清洁卫生（厨房除外）。

（2）酒店所有下水道、排水排污等管道系统以及沟渠、河井、化粪池的清疏工作。

（3）酒店卫生防疫、喷杀“六害”（苍蝇、蚊子、老鼠、蟑螂、麻雀、臭虫）的工作。

## 四、公共区域的清洁作业种类

（1）平时清理。

（2）定期（每周或每月）固定保养维护。

## 五、大堂卫生工作

### 1. 大堂卫生工作范围

大堂卫生工作范围如图 5-2 所示。

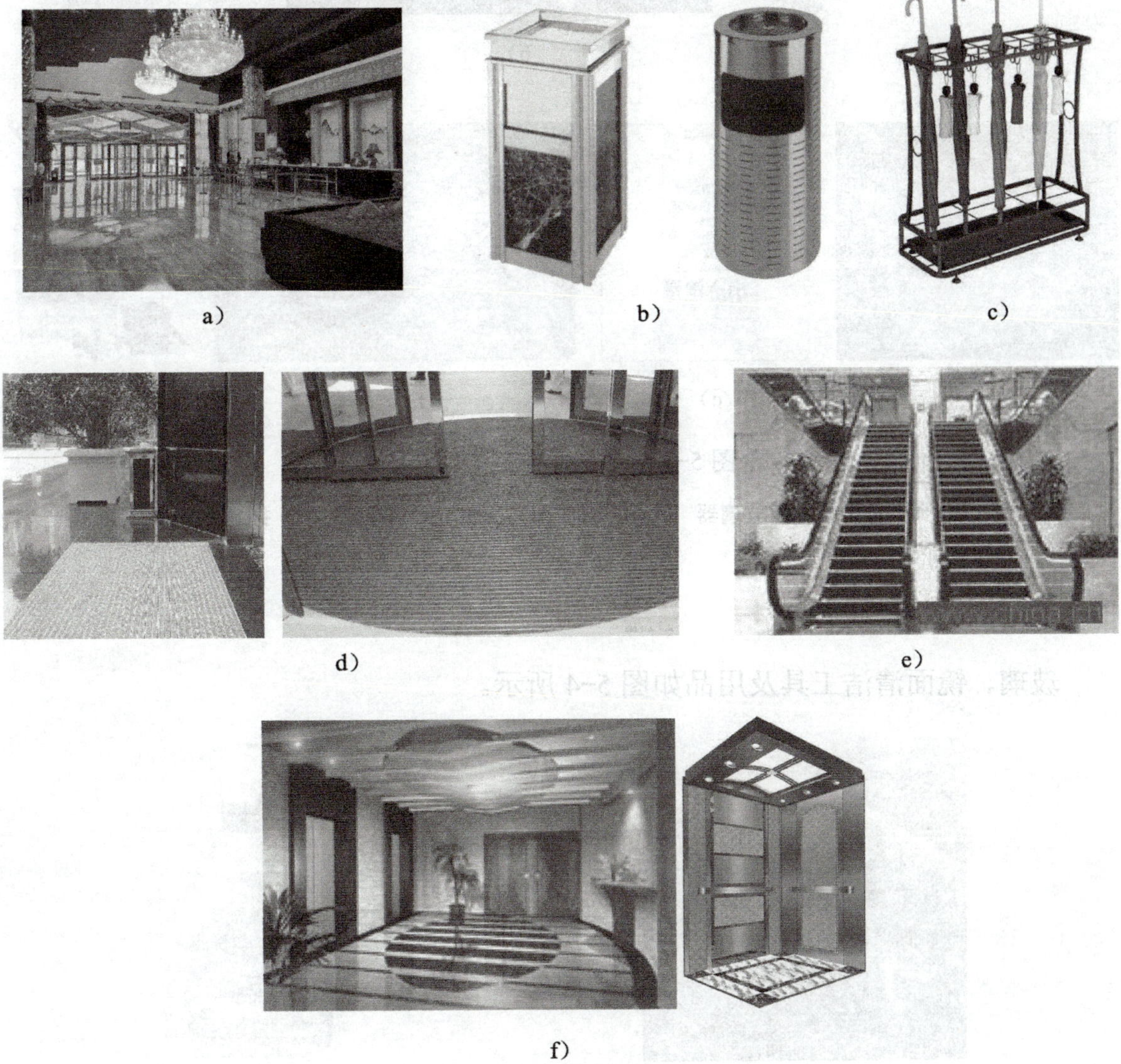


图 5-2　大堂卫生工作范围

a）大堂地面　b）垃圾桶　c）伞架　d）大门口内外　e）自动扶梯　f）电梯内外

### 2. 大堂清洁工具及用品

大堂清洁工具及用品如图 5-3 所示。

a) b) c)

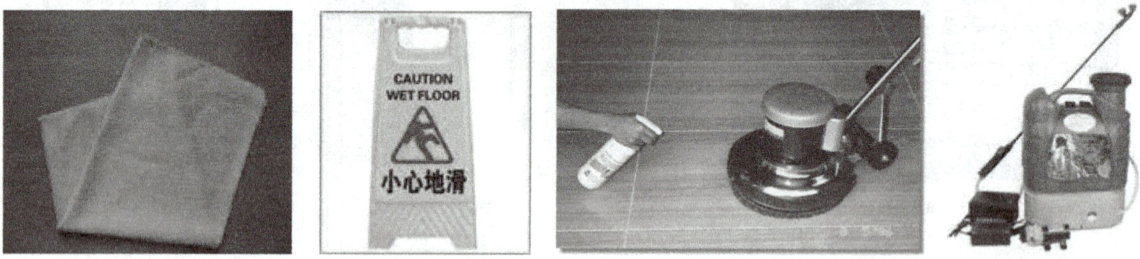


d) e) f) g)

图 5-3 大堂清洁工具及用品

a）吸尘器 b）伸缩拉杆擦玻璃器 c）清洁剂 d）抹布 e）警示牌 f）打蜡机 g）消毒器

## 六、玻璃、镜面清洁工具及用品

玻璃、镜面清洁工具及用品如图 5-4 所示。

a) b)

图 5-4 玻璃、镜面清洁工具及用品

a）擦玻璃器 b）清洁剂

## 七、地毯清洁保养

### 1. 地毯清洁保养的种类

（1）地毯吸尘。

（2）地毯清洗。

### 2. 地毯清洁保养周期

地毯清洁保养周期见表 5-1。

表 5-1　地毯清洁保养周期

| 客人流动密度 | 普通地方（办公室、会议室） | 频密地方（走廊、餐厅、商场） | 非常频密地方（电梯、门口） |
| --- | --- | --- | --- |
| 吸尘 | 每天一次 | 每天三次 | 每天三次以上 |
| 清洁 | 每季度一次 | 半月一次 | 每周一次 |
| 抽洗 | 一年一次 | 半年一次 | 每季度一次 |

### 3. 地毯清洁工具及用品

地毯清洁工具及用品如图 5-5 所示。

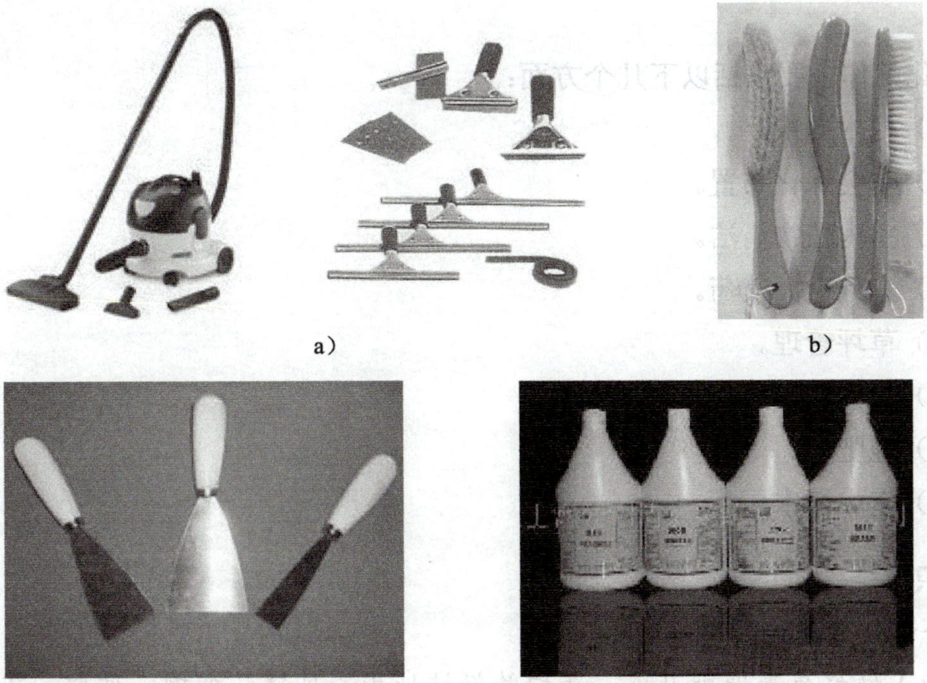

a）　b）　c）　d）

图 5-5　地毯清洁工具及用品

a）吸尘器及组件　b）清洁刷子　c）小铲　d）清洁剂

## 八、大理石地面的清洁保养

### 1．大理石地面的清洁保养种类

（1）日常保养：洗地，地面打蜡、抛光，地面高速抛光。

（2）周期保养：地面起蜡、封蜡，“结晶”蜡打磨，“水晶”蜡打磨。

### 2．大理石地面清洁工具及用品

大理石地面清洁工具及用品如图 5-6 所示。

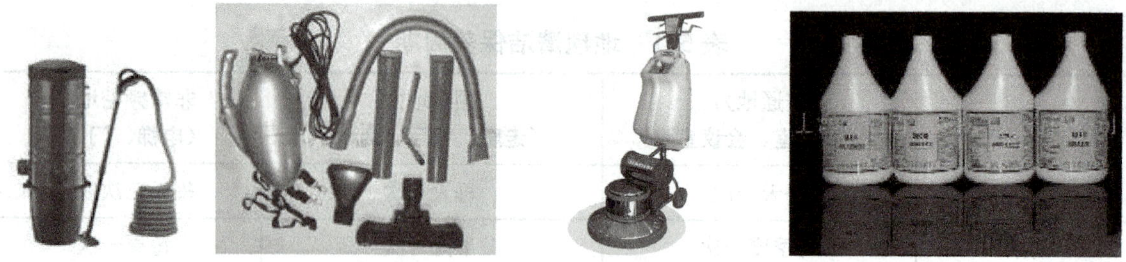

a）　　　　b）　　　　c）

图 5-6　大理石地面清洁工具及用品

a）吸尘器及组件　b）洗地机　c）清洁剂

## 九、绿化工作

绿化工作主要包括以下几个方面：

（1）花木更换。

（2）宴会绿化布置。

（3）室内植物清洁。

（4）室外全面喷药。

（5）草坪管理。

（6）苗圃管理。

（7）施肥。

（8）室内淋水。

**知识链接**

**一、公卫清洁员岗位职责**

（1）做好负责地段卫生，清扫并保持地板、地毯、玻璃、墙壁、天花板、花盆、花架、花叶、楼道、烟灰缸、灯具、指示牌、电源开关、各种扶手、空调、进出风口、换气口、家具及各种装饰物等的清洁，保证周围环境整洁。

（2）爱护并正确使用公物、工具和设备，节约用水、用品及原料。发现设备损坏、丢失、断电、断水等不能正常工作的情况，应及时报告，不得延误。

（3）提高警惕，注意防火、防盗、防破坏，发现可疑情况及时报告领班。

（4）严格执行交接班制度，清理垃圾，补充清洁剂物品。下班时将清洁工具、用品放回指定处，交接工作柜钥匙。

**二、洗手间值班员岗位职责**

（1）遵守纪律，热爱本职工作，按规定着装，注意仪表仪容。

（2）保持洗手间干净、无臭味，灯明镜亮，保证恭纸、面巾纸及皂液供应。

（3）每天上班后和下班前对卫生间进行大清洁。

（4）对客人彬彬有礼，“请”字当头，“谢”字不离口。

# 任务一 客用洗手间清洁保养训练

## 能力点

能够按规范标准进行客用洗手间清洁工作。

## 学习目标

熟练掌握客用洗手间清洁程序，能在规定时间内高质量地完成客用洗手间的清洁服务。

## 学习准备

**1. 物品准备**

（1）清洁桶、各种清洁刷、各种清洁剂、干湿抹布和清洁手套。

（2）告示牌。

**2. 场地准备**

4间客用洗手间，能容纳20～30人进行实操训练。

**3. 分组安排**

学生每5～8人为一组，一名学生练习客用洗手间清洁，其他学生观摩并负责计时、打分，轮流练习。

**4. 技能训练建议学时**

1学时。

## 技能训练

### 1. 准备清洁用具

准备好必需的清洁用具。

### 2. 镜面、云石台、洗手盆的清洁

（1）将浸有玻璃清洁剂的清洁粉头贴在玻璃上，上下推抹。

（2）用玻璃刮刮去玻璃上的水迹。

（3）用干抹布抹去遗留的水迹。

（4）将清洁剂喷在洗手盆及云石台上。

（5）用百洁布刷洗盆面及台面上的污迹。

（6）用清水将清洁剂冲洗干净。

（7）用干抹布将水迹抹干净。

（8）用金属除迹剂将水龙头金属污迹除干净。

### 3. 坐厕、尿槽的清洁

（1）用清洁毛球将清洁剂均匀地涂在坐厕及尿槽周围。

（2）用力将坐厕、尿槽中的污迹清洁干净。

（3）如有水锈迹可加少许酸性清洁剂进行清洁。

（4）用热水将清洁剂冲洗干净。

（5）用干抹布将水迹抹干，再用消毒水将坐厕板、尿槽消毒一次。

（6）将地面水迹拖抹干净。

### 4. 坐厕水箱清洁

（1）关闭水箱进水阀门，放走水箱内的水。

（2）小心地打开水箱盖，并放在安全的地方。

（3）将少量的酸性清洁剂倒入水箱内。

（4）用清洁刷将水箱内壁四周洗刷干净。

（5）打开进水阀门，用清水将箱内污水冲洗干净。

（6）将水箱盖盖好。

### 5. 不锈钢纸架的清洁

（1）用钥匙打开纸架箱门。

（2）用半干湿抹布清洁箱内的灰尘。

（3）关上箱门，用不锈钢清洁剂清洁不锈钢箱门。

### 6. 地面的清洁

（1）工作地段放置“小心地滑”告示牌。

（2）将清洁剂兑水（比例为 1:20）洒于地面上。

（3）用扫帚洗刷地面上的污迹。

（4）用热水将地面污水冲扫干净。

（5）用干地拖将地面水迹拖干。

（6）每周用“结晶”法对地面进行打磨抛光一次。

### 7. 检查

客用洗手间清洁保养流程，如图 5-7 所示。

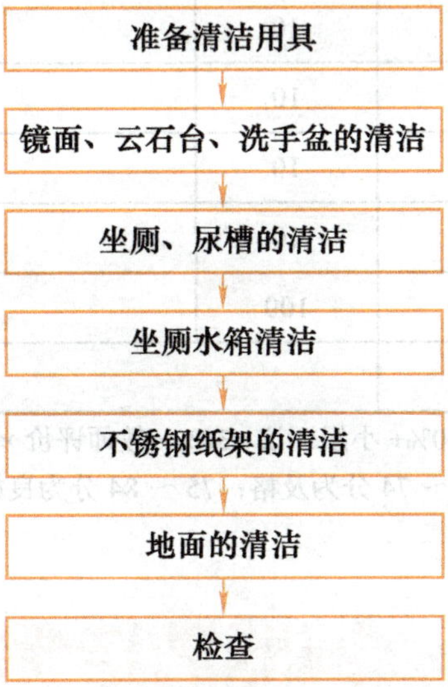


图 5-7 客用洗手间清洁保养流程

**技能训练注意事项**

1．注意清洁工具及清洁剂的正确使用。

2．注意干湿抹布的正确使用。

3．注意卫生间的消毒情况。

4．注意告示牌的使用。

## 学习评价

客用洗手间清洁保养训练评价表，见表 5-2。

表 5-2 客用洗手间清洁保养训练评价表

| 被考评人 | | | | | |
|---|---|---|---|---|---|
| 考评内容 | 客用洗手间清洁保养训练 | | | | |
| 考评标准 | 内容 | 分值/分 | 自我评价/分 | 小组评议/分 | 教师评价/分 |
| | 准备清洁用具 | 10 | | | |
| | 镜面、云石台、洗手盆的清洁 | 10 | | | |
| | 坐厕、尿槽的清洁 | 10 | | | |
| | 坐厕水箱清洁 | 10 | | | |
| | 不锈钢纸架的清洁 | 10 | | | |
| | 地面的清洁 | 10 | | | |
| | 告示牌的使用 | 10 | | | |
| | 检查 | 10 | | | |
| | 组织与合作 | 10 | | | |
| | 态度积极主动 | 10 | | | |
| 合计 | | 100 | | | |
| 综合职业素养（优、良、合格） | | | | | |

注：1. 实际得分 = 自我评价 ×30%+ 小组评议 ×30%+ 教师评价 ×40%。

2. 考评满分为 100 分，60 ～ 74 分为及格；75 ～ 84 分为良好；85 分以上为优秀（包括 85 分）。

# 任务二 铜器清洁保养训练

## 能力点

能够按规范标准进行铜器清洁保养工作。

## 学习目标

熟练掌握铜器清洁程序，能在规定的时间内高质量地完成铜器清洁服务。

## 学习准备

**1. 物品准备**

(1) 清洁桶，质地柔软、表面平整的抹布数块和清洁手套。

（2）铜油一瓶。

**2．场地准备**

有铜器装饰物品的房间，能容纳 20 ～ 30 人进行实操训练。

**3．分组安排**

学生每 5 ～ 6 人为一组，一名学生练习铜器清洁，其他学生观摩并负责计时、打分，轮流练习。

**4．技能训练建议学时**

1 学时。

## 技能训练

（1）准备干抹布和铜油。

（2）倒少许铜油在干抹布上。

（3）用力擦去铜器上的污迹。

（4）待铜油干后，用干净抹布将铜器擦亮。

铜器清洁保养流程，如图 5-8 所示。

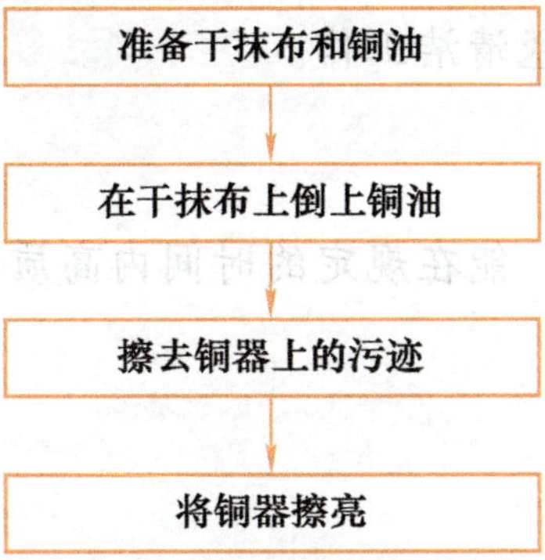


图 5-8　铜器清洁保养流程

### 技能训练注意事项

1．认真阅读铜油使用说明。

2．注意正确的操作方法。

## 学习评价

铜器清洁保养训练评价表，见表 5-3。

表5-3　铜器清洁保养训练评价表

| 被考评人 | | | | | |
|---|---|---|---|---|---|
| 考评内容 | 铜器清洁保养训练 | | | | |
| 考评标准 | 内　　容 | 分值/分 | 自我评价/分 | 小组评议/分 | 教师评价/分 |
| | 准备干抹布和铜油 | 20 | | | |
| | 在干抹布上倒上铜油 | 10 | | | |
| | 清理铜器上的污迹 | 30 | | | |
| | 擦亮铜器 | 20 | | | |
| | 组织与合作 | 10 | | | |
| | 态度积极主动 | 10 | | | |
| 合　　计 | | 100 | | | |
| 综合职业素养（优、良、合格） | | | | | |

注：1. 实际得分 = 自我评价 ×30%+ 小组评议 ×30%+ 教师评价 ×40%。
2. 考评满分为100分，60～74分为及格；75～84分为良好；85分以上为优秀（包括85分）。

# 任务三　日常地毯清洁保养训练

## 能力点

能够按规范标准进行地毯清洁工作。

## 学习目标

熟练掌握地毯清洁程序，能在规定的时间内高质量地完成地毯清洁服务。

## 学习准备

**1．物品准备**

（1）吸尘器、清洁刷子。

（2）地毯清洁剂。

**2．场地准备**

铺有地毯的模拟办公室，能容纳20～30人进行实操训练。

**3．分组安排**

学生每5～6人为一组，一名学生练习吸尘，其他学生观摩并负责计时、打分，轮流练习。

**4．技能训练建议学时**

1学时。

## 技能训练

（1）将吸尘器安装好，检查电源有无破损，蓄尘袋是否倒空。

（2）进入办公室。

（3）按由里向外的顺序吸尘。

（4）及时除去污迹。

（5）检查。

（6）吸尘完毕，退出办公室。

日常地毯清洁保养流程，如图 5-9 所示。

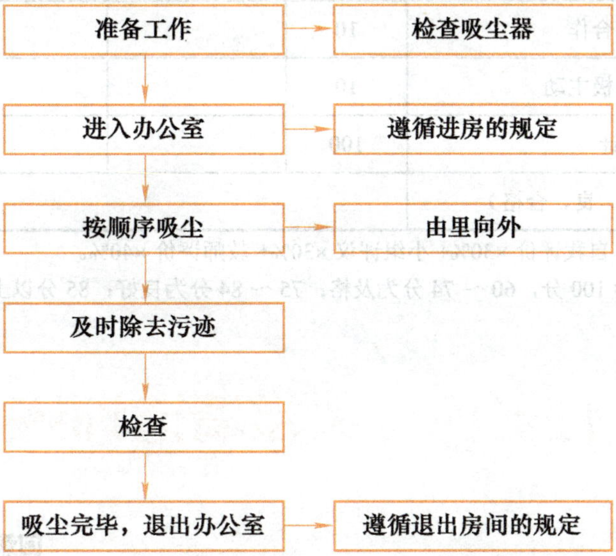


图 5-9　日常地毯清洁保养流程

### 技能训练注意事项

1．正确使用吸尘器。

2．吸尘器连续使用不要超过 1h。

3．正确使用地毯清洁剂。

## 学习评价

日常地毯清洁保养训练评价表，见表 5-4。

表 5-4　日常地毯清洁保养训练评价表

| | | | | | |
|---|---|---|---|---|---|
| 被考评人 | | | | | |
| 考评内容 | 日常地毯清洁保养训练 | | | | |
| 考评标准 | 内　容 | 分值 / 分 | 自我评价 / 分 | 小组评议 / 分 | 教师评价 / 分 |
| | 准备工作 | 10 | | | |
| | 进入办公室 | 10 | | | |
| | 地毯清洁的操作过程 | 20 | | | |
| | 清理地毯上的污迹 | 20 | | | |
| | 检查 | 10 | | | |
| | 退出办公室 | 10 | | | |
| | 组织与合作 | 10 | | | |
| | 态度积极主动 | 10 | | | |
| 合　计 | | 100 | | | |
| 综合职业素养（优、良、合格） | | | | | |

注：1．实际得分 = 自我评价 ×30%+ 小组评议 ×30%+ 教师评价 ×40%。

2．考评满分为 100 分，60 ～ 74 分为及格；75 ～ 84 分为良好；85 分以上为优秀（包括 85 分）。

# 任务四　大堂清洁训练

## 能力点

能够按规范标准进行大堂清洁工作。

大堂清洁

## 学习目标

熟练掌握大堂清洁范围及工作的程序，能在规定的时间内高质量地完成大堂清洁服务。

## 学习准备

**1．物品准备**

（1）吸尘器、小铲、抹布。

（2）清洁剂和保养蜡等。

2．场地准备

模拟大堂环境，能容纳20～30人进行实操训练。

3．分组安排

学生每5～6人为一组，一名学生练习大堂清洁，其他学生观摩并负责计时、打分，轮流练习。

4．技能训练建议学时

1学时。

## 技能训练

1．准备工作

准备好必需的清洁用具和清洁用品。

2．地面干拖（云石、大理石地面）

（1）使用喷有静电吸尘剂的干地拖进行工作。

（2）将地拖平放在地面上，直线方向推尘，地拖不可离地，将地面的灰尘推往较隐蔽的地方。

（3）每拖尘一次后，用吸尘机吸干净地拖上的灰尘。

（4）推尘每30min循环一次，视灰尘程度及客流量密度而增减次数。

（5）每次推尘后应及时将地面灰尘、垃圾打扫干净。地面不能留有脚印、污迹。

3．家具及云石台清洁保养

（1）用半干湿抹布抹干净家具及云石台上的灰尘。

（2）将家具保养蜡均匀地喷在家具或云石台上。喷蜡不能过多，以免积聚灰尘。

（3）用干抹布将家具蜡均匀地涂抹，边喷边抹，重点擦除污迹，达到光亮清洁。

4．烟箱的清洁

（1）用镊子将烟箱里的烟头、杂物清理干净；用废纸把烟箱面上的口痰污迹抹干净。

（2）每隔15min巡查清理烟箱一次，视客流量情况增加清洁频度。

（3）交班前把烟箱碟清洗干净，用布抹干烟箱盖。工作时要小心轻放烟箱盖，以免造成响声。

### 5. 大门口内外地垫的清洁

（1）内地垫清洁：

1）每隔2h吸尘一次，视污迹程度及客流量情况增减吸尘次数。

2）随时清洁地垫上的污迹及香口胶。

3）每晚要揭开地垫，用扫帚将地面灰尘、沙粒扫干净，用湿地拖拖干净地面。

4）每周更换冲洗地垫一次。

（2）外地垫的清洁：

1）每天用吸尘机吸地垫上的杂物纸屑，每晚揭开地垫，用扫帚将地面灰尘、沙粒扫干净。

2）用湿地拖拖干净地面。

3）待地面风干后，将地垫放回原位。

4）每周更换冲洗地垫一次，内外地垫的铺放要求整齐对称。

### 6. 电梯清洁保养

（1）打开控制箱，按下指定按钮，使电梯停止运行；将电梯停在指定楼层操作，每次只能停一部电梯。

（2）将“正在工作”告示牌放在电梯门前。

（3）用玻璃清洁剂清洁玻璃镜面；镜面玻璃、不锈钢门要求达到光洁、明亮、无手印及污迹的效果。

（4）用家具清洁蜡清洁天花顶及木器装饰部分。

（5）用不锈钢清洁剂清洁电梯不锈钢门。

（6）用吸尘机吸边角位和电梯门轨的灰尘、沙粒。

（7）用湿抹布抹干净地面和门轨的灰尘。

（8）地面晾干后，装上地角保护板进行打蜡抛光，地面大理石的喷磨要均匀，抛光的光亮度要高。

（9）工作完成后，取出保护板，把控制按钮恢复原位，关好控制箱，恢复电梯正常运行。

### 7. 检查

全面检查大堂各个部位的清洁工作。

大堂清洁工作流程，如图5-10所示。

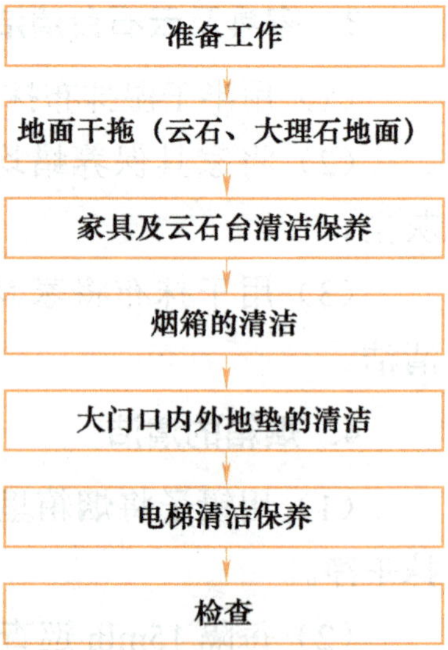


图5-10 大堂清洁工作流程

## 技能训练注意事项

1. 注意客人的流动量。
2. 注意放置告示牌。
3. 正确使用清洁剂。

## 学习评价

大堂清洁训练评价表，见表 5-5。

表 5-5　大堂清洁训练评价表

| 被考评人 | | | | | |
|---|---|---|---|---|---|
| 考评内容 | 大堂清洁训练 | | | | |
| 考评标准 | 内　容 | 分值 / 分 | 自我评价 / 分 | 小组评议 / 分 | 教师评价 / 分 |
| | 准备工作 | 5 | | | |
| | 地面干拖（云石、大理石地面） | 10 | | | |
| | 家具及云石台清洁保养 | 20 | | | |
| | 烟箱的清洁 | 10 | | | |
| | 大门口内外地垫的清洁 | 10 | | | |
| | 电梯清洁保养 | 20 | | | |
| | 环视自查大堂环境卫生 | 5 | | | |
| | 组织与合作 | 10 | | | |
| | 态度积极主动 | 10 | | | |
| 合　计 | | 100 | | | |
| 综合职业素养（优、良、合格） | | | | | |

注：1. 实际得 = 自我评价 ×30%+ 小组评议 ×30%+ 教师评价 ×40%。
2. 考评满分为 100 分，60 ～ 74 分为及格；75 ～ 84 分为良好；85 分以上为优秀（包括 85 分）。

# 任务五　大理石地面清洁训练

### 能力点

能够按规范标准进行大理石地面清洁工作。

## 学习目标

熟练掌握公共区域大理石地面的清洁工作程序，能在规定的时间内高质量地完成大理石地面清洁服务。

## 学习准备

**1. 物品准备**

（1）自动洗地机、蜡、抛光机。

（2）清洁剂、保养蜡等。

**2. 场地准备**

有大理石地面的公共区域，能容纳 20 ～ 30 人进行实操训练。

**3. 分组安排**

学生每 5 ～ 6 人为一组，一名学生练习大理石地面清洁，其他学生观摩并负责计时、打分，轮流练习。

**4. 技能训练建议学时**

1 学时。

## 技能训练

**1. 准备工作**

准备好必需的清洁用具和清洁用品。

**2. 洗地**

（1）将清洁剂按 1:20 的比例兑水注入自动洗地机的清水箱内。

（2）装好吸水刮后，启动电源开关，放下洗地刷和吸水刮，扳动水制开关。

（3）启动吸水机电源，手推操纵杆，以 60m/min 的速度前进，洗地和吸水同步进行。

（4）洗地机洗地时，行与行之间要互叠 10cm，以免漏洗。

（5）洗地完毕后，要用干抹布将地面特别是边角位的水迹抹干净，以免影响打蜡质量。

**3. 地面打蜡、抛光**

（1）进行打蜡前，首先要检查机上喷壶是否加满保养清洁蜡。

（2）将控制杆调节到合适的高度。

（3）机体底盘针座接合抛光垫，保持机身底盘与地面平衡。

（4）接通电源，按下机身电源开关，使底盘转动。当手柄提升时，机身向右移动；当手柄降低时，机身向左移动。

（5）当操纵机械从左至右移动时，拉动喷蜡控制杆将蜡水喷出，由底盘抛光垫将蜡水均匀涂在地面上。

（6）打蜡前，用干地拖将地面灰尘、沙粒拖干净；打蜡时，落蜡要均匀，上下互叠 10cm，每推 100cm 距离喷蜡一次。

（7）喷蜡完成后，换另一干净抛光垫进行地面抛光。

（8）抛光推进速度应保持在 50m/min 为宜，来回抛光 3～5 次，直至光亮为止。

**4. 地面高速抛光**

（1）使用高速抛光机操作，将高速抛光垫安装在抛光机转盘底部针座上，平放于地面。

（2）将控制杆调节到合适的高度，接上电源。

（3）按下机身上电源开关，转盘转动，即可进行抛光。

（4）抛光时，推进速度不能太快，应保持 50m/min 的速度。

**5. 检查**

全面检查公共区域的大理石地面的清洁工作。

大理石地面清洁工作流程，如图 5-11 所示。

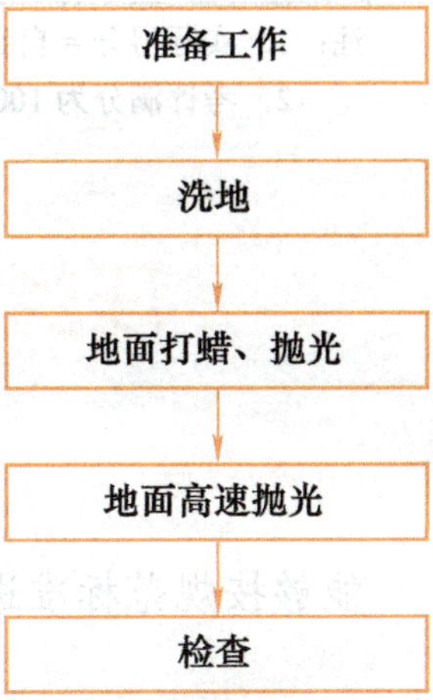


图 5-11　大理石地面清洁工作流程

## 技能训练注意事项

1. 注意客人的流动量。
2. 注意放置提示牌。
3. 正确使用清洁剂及清洁机器。

## 学习评价

大理石地面清洁训练评价表，见表 5-6。

表 5-6 大理石地面清洁训练评价表

| 被考评人 | | | | | |
|---|---|---|---|---|---|
| 考评内容 | 大理石地面清洁训练 | | | | |
| 考评标准 | 内 容 | 分值 / 分 | 自我评价 / 分 | 小组评议 / 分 | 教师评价 / 分 |
| | 准备工作 | 10 | | | |
| | 洗地 | 10 | | | |
| | 地面打蜡、抛光 | 25 | | | |
| | 地面高速抛光 | 25 | | | |
| | 检查 | 10 | | | |
| | 组织与合作 | 10 | | | |
| | 态度积极主动 | 10 | | | |
| 合 计 | | 100 | | | |
| 综合职业素养（优、良、合格） | | | | | |

注：1. 实际得分 = 自我评价 ×30%+ 小组评议 ×30%+ 教师评价 ×40%。

2. 考评满分为 100 分，60 ～ 74 分为及格；75 ～ 84 分为良好；85 分以上为优秀（包括 85 分）。

# 任务六 玻璃、镜面清洁训练

## 能力点

能够按规范标准进行玻璃、镜面清洁工作。

## 学习目标

熟练掌握玻璃及镜面的清洁工作，能在规定的时间内高质量地完成玻璃及镜面的清洁服务。

## 学习准备

**1. 物品准备**

（1）擦玻璃器、玻璃刮、玻璃刀、镜面器。

（2）清洁剂、保养蜡等。

**2. 场地准备**

有玻璃及镜面的房间，能容纳 20 ～ 30 人进行实操训练。

**3．分组安排**

学生每5～6人为一组，一名学生练习玻璃清洁，其他学生观摩并负责计时、打分，轮流练习。

**4．技能训练建议学时**

1学时。

## 技能训练

（1）按比例兑好玻璃水。

（2）用玻璃刀铲除玻璃上的污迹。

（3）将浸有玻璃水的擦玻璃器按在玻璃上推擦。

（4）用玻璃刮从上至下刮去玻璃上的水迹。

（5）用干抹布抹去玻璃边角上的水迹。

玻璃、镜面清洁保养流程，如图5-12所示。

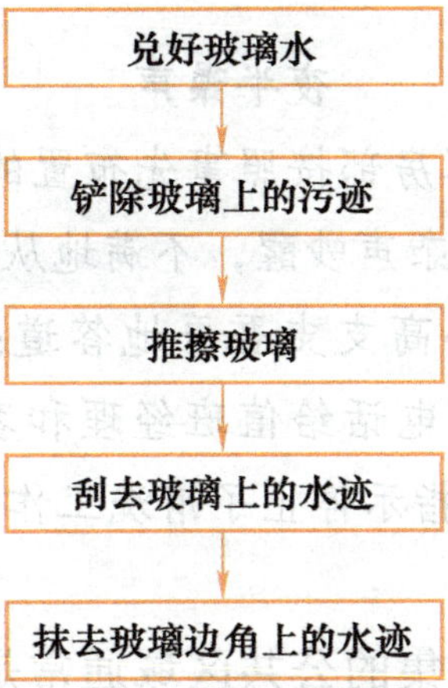


图5-12　玻璃、镜面清洁保养流程

### 技能训练注意事项

1．清洁玻璃时要注意操作安全。

2．注意放置提示牌。

3．正确使用清洁剂及擦玻璃器。

## 学习评价

玻璃、镜面清洁训练评价表，见表5-7。

表5-7 玻璃、镜面清洁训练评价表

| 被考评人 | | | | | |
|---|---|---|---|---|---|
| 考评内容 | 玻璃、镜面清洁训练 | | | | |
| 考评标准 | 内　容 | 分值/分 | 自我评价/分 | 小组评议/分 | 教师评价/分 |
| | 兑好玻璃水 | 10 | | | |
| | 铲除玻璃上的污迹 | 20 | | | |
| | 推擦玻璃 | 20 | | | |
| | 刮去玻璃上的水迹 | 20 | | | |
| | 抹去玻璃边角上的水迹 | 10 | | | |
| | 组织与合作 | 10 | | | |
| | 态度积极主动 | 10 | | | |
| 合　计 | | 100 | | | |
| 综合职业素养（优、良、合格） | | | | | |

注：1. 实际得分 = 自我评价 ×30%+ 小组评议 ×30%+ 教师评价 ×40%。
2. 考评满分为 100 分，60 ～ 74 分为及格；75 ～ 84 分为良好；85 分以上为优秀（包括 85 分）。

## 实践·案例

### 夜半噪声

凌晨1:30左右，某酒店客房部按照事先布置的任务在31层清洁过道地毯。这时，3108房客人被机器的嘈杂声吵醒，不满地从房间中出来说："这么晚了，还让不让人睡觉？"服务员小高支支吾吾地答道："这是工作安排……"说完继续清洗。客人回房后随即打电话给值班经理和客房服务中心表示不满。过了5min，小高才根据值班经理的指示停止了清洗工作。次日早晨，客人带着不满离开了该酒店。

评析：在酒店里，人流密集的公共区域通常是地毯重污发生区，针对这种情况，客房部应制订周密的地毯清洁保养计划，并且此计划要以不影响客人休息为前提。

思考与启示：该酒店的工作失误是什么？

答：在客人休息时间进行过道地毯清洁，严重影响了客人休息，引起客人极度不满，导致客户流失。楼层过道地毯日常吸尘可选择在白天大多数客人外出时进行，定期保养应选择在淡季，且轮流关闭不同楼层来进行。

# 项目六

# 布件房与洗衣房管理训练

布件房的管理是酒店正常工作的一个重要环节，酒店布件用品、员工制服和客人衣物的洗涤与熨烫是由洗衣房负责的。布件的洗涤和熨烫是一项技术性较强的工作，掌握了布件的洗涤流程及操作技能，才能为客人提供优质的洗涤服务。

## 理论知识

### 一、布件房的管理和控制与布件的保养工作

#### 1. 布件房的管理和控制

布件房的管理和控制如图 6-1 所示。

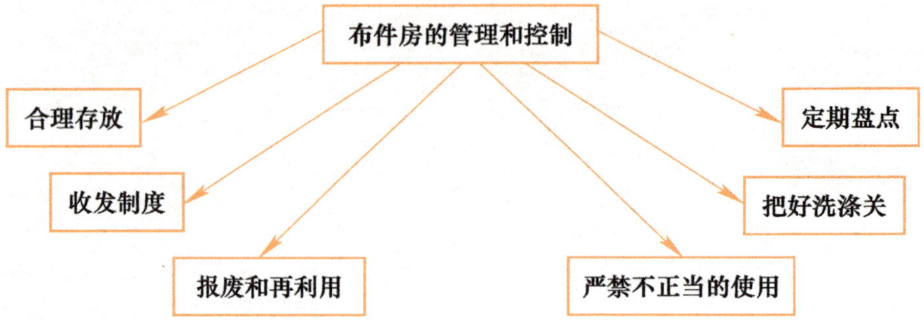


图 6-1 布件房的管理和控制

#### 2. 布件的保养工作

加强对布件的保养，能够提高布件的使用质量，保证并适当延长布件的使用寿命。

（1）尽量减少存库的时间。

（2）新布件必须经洗涤后才能投入使用。

（3）备用布件要按先进先出的原则投入使用。

（4）洗涤后的布件要放置一段时间，以利于其散热、透气。

（5）要消除污染和破损布件的隐患。

#### 3. 工服的管理工作

工服的管理工作，如图 6-2 所示。

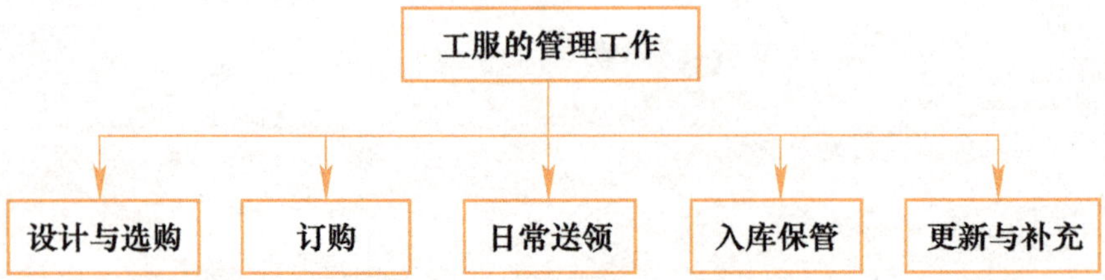


图 6-2 工服的管理工作

## 二、洗衣房洗衣工作流程

洗衣房洗衣工作流程如图 6-3 所示。

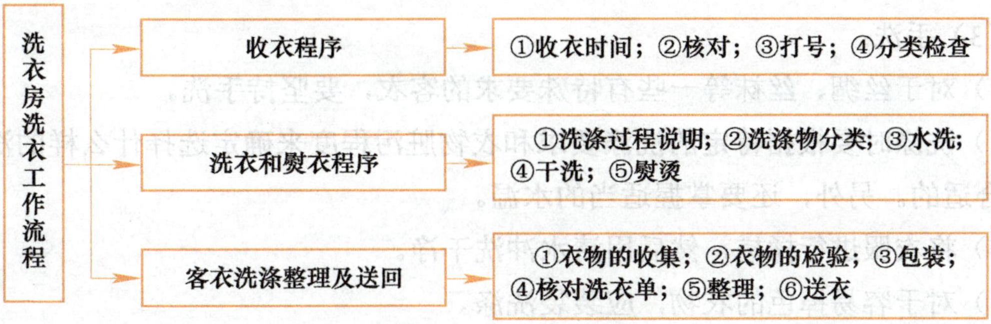


图 6-3 洗衣房洗衣工作流程

## 三、洗衣房（见图 6-4）工作规范

### 1．客衣洗涤质量要求

（1）湿洗：

1）在洗涤之前，要先检查衣服的袖口、衣领等容易脏的地方，喷洒去污药水。

2）10 ～ 15min 之后，按照衣服的不同类型选择正确的洗涤剂，投入水洗机（见图 6-5）中进行洗涤。衣物的重量要与机器的容量相适应。

图 6-4 洗衣房

图 6-5 水洗机

3）准确掌握水温、冲洗时间及气压。一般来说，深色和杂色的衣服应在 35℃以下的水温中洗涤 10min 左右；白色的衣物则应在 60℃以下的水温中洗涤，时间最好在 10min 以上。

4）将洗好的衣服进行烘干，将烘干温度控制在 60℃以下。

（2）干洗：

1）干洗之前，认真检查客衣的质地、颜色、脏污程度等，如果发现有较重的污渍，要先用手洗去污。

2）将检查过的衣服投入干洗机中进行冲洗，洗涤3～5min，然后再加入干洗剂进行冲洗。

3）将洗好的衣服烘干。

（3）手洗：

1）对于丝绸、丝袜等一些有特殊要求的客衣，要坚持手洗。

2）洗涤时要根据特定的洗涤要求和衣物脏污程度来确定选择什么样的洗涤剂是最合适的。另外，还要掌握适当的水温。

3）将衣服进行揉搓，然后用清水冲洗干净。

4）对于容易掉色的衣物，应装袋洗涤。

（4）熨烫：

1）洗好的衣服要根据其种类和部位的不同，选择不同的熨烫衣机，如图6-6所示。

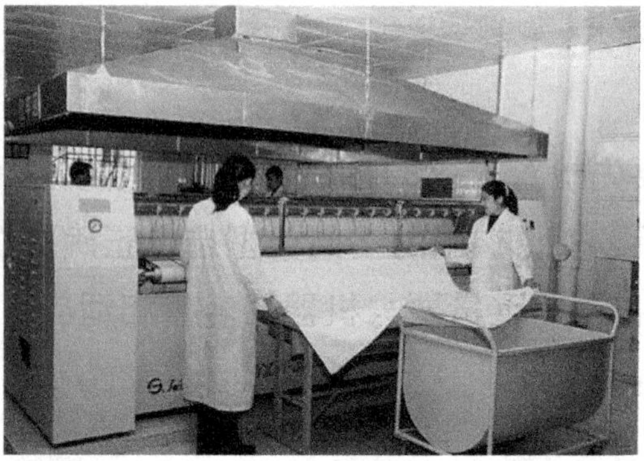

图6-6 熨烫衣机

2）熨烫时，部位选放要准确，开放适量蒸汽，要掌握好喷气与熨烫的时间。

**2．工服洗涤质量要求**

（1）洗衣房应根据工服的不同种类和不同布料来进行分类洗涤。

（2）洗涤时要选择适当的洗涤方式、温度、压力和洗涤时间等。

（3）各个程序都要按相关的操作规程来进行，以规范的操作来保证洗涤质量。

（4）洗涤后的工作服，要做到清洁无污、美观。

**3．棉织品洗涤质量要求**

（1）台布类：

1）台布的洗涤要严格遵守有关的操作规范，洗后的台布要做到清洁、柔软，没有任何油迹和污渍。

2）洗涤时要选择合理的装机数量，温度和压力的控制也要准确。

3）分三次进行投水冲洗，冲洗时加入洗衣粉、去油洗涤剂、漂白粉、浆粉和酸粉等。

（2）床单、枕套类：

1）床单及枕套的洗涤温度应控制在80℃左右，冲洗时间控制在20min左右。

2）进行三次投洗，投洗过程中分别加入洗衣粉、酸粉和荧光剂，投放的数量要适当。

3）进行甩干、压平。

4）床单和枕套要分开来洗涤，装机送洗的数量要适当。洗后晾干的床单应做到清洁、柔软。

（3）毛巾类：

1）毛巾投洗时要加入洗涤剂、漂白粉、柔顺剂和酸粉等，投放的数量要适当。

2）准确控制洗涤水温与气压，一般洗涤温度控制在80℃左右。

3）分三次投水冲洗，冲洗时间控制在15～20min。

4）洗完的棉织品要进行烘干和打冷风。

5）洗涤时装机的数量要适当。

6）洗后的毛巾应做到清洁、柔软和蓬松。

# 任务一　布件房的管理训练

## 能力点

能够按规范标准进行布件房日常管理工作。

## 学习目标

通过训练，在明确布件房管理基本任务的基础上，掌握布件房的清洁保养技术，能够对布件房进行常规性保养，并会填写相关业务表单。

## 学习准备

**1．物品准备**

布件盘点统计表及报损单、笔和计算器。

**2．场地准备**

模拟楼层小库房、本楼层，能容纳20～30人进行实操训练。

**3．分组安排**

学生每5～6人为一组，一名学生练习，其他学生观摩并负责计时、打分，轮流练习。

**4．技能训练建议学时**

2学时。

## 技能训练

（1）模拟楼层小库房清点工作。

（2）布件清点后要分类。

（3）破损布件再次确认能否使用。

（4）填写布件报损单，见表6-1。

**表6-1 布件报损单**

品名________ 规格________ 申报人________ 批准人________

| 报废原因 | 数量 | 处理意见 |
|---|---|---|
| 无法除渍 | | |
| 无法修补 | | |
| 年限已到 | | |
| 其他 | | |
| 合计 | | |

（5）填写布件盘点统计表，见表6-2。

**表6-2 布件盘点统计表**

| 品名 | 额定数量 | 客房 | | 楼层布件房 | | 洗衣房 | | 盘点总数 | 报废数量 | 补充数量 | 差额总数 | 备注 |
|---|---|---|---|---|---|---|---|---|---|---|---|---|
| | | 定额 | 实盘 | 定额 | 实盘 | 定额 | 实盘 | | | | | |
| | | | | | | | | | | | | |
| | | | | | | | | | | | | |
| | | | | | | | | | | | | |
| | | | | | | | | | | | | |
| | | | | | | | | | | | | |
| | | | | | | | | | | | | |

（6）填写好表单上交，接受检查。

布件房管理流程，如图6-7所示。

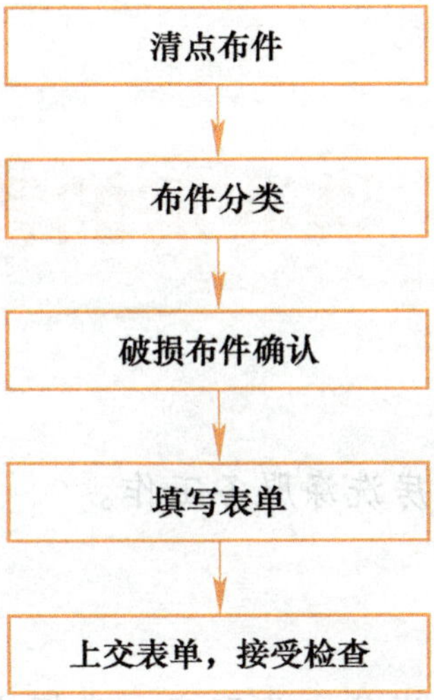


图 6-7　布件房管理流程

## 技能训练注意事项

1. 要求客房服务员认真清点布件。
2. 要认真分析布件的实际情况。
3. 要认真准确填写报损单和盘点统计表。

## 学习评价

布件房管理训练评价表，见表 6-3。

表 6-3　布件房管理训练评价表

| | | | | | |
|---|---|---|---|---|---|
| 被考评人 | | | | | |
| 考评内容 | 布件房管理训练 | | | | |
| 考评标准 | 内　容 | 分值 / 分 | 自我评价 / 分 | 小组评议 / 分 | 教师评价 / 分 |
| | 清点布件 | 20 | | | |
| | 布件分类 | 20 | | | |
| | 布件报损 | 15 | | | |
| | 填写表单 | 20 | | | |
| | 上交表单，接受检查 | 5 | | | |
| | 组织与合作 | 10 | | | |
| | 态度积极主动 | 10 | | | |
| 合　计 | | 100 | | | |
| 综合职业素养（优、良、合格） | | | | | |

注：1. 实际得分 = 自我评价 ×30%+ 小组评议 ×30%+ 教师评价 ×40%。
2. 考评满分为 100 分，60 ～ 74 分为及格；75 ～ 84 分为良好；85 分以上为优秀（包括 85 分）。

# 任务二　洗衣房的管理训练

## 能力点

能够按规范标准进行洗衣房洗涤服务工作。

## 学习目标

通过训练，明确洗衣房各岗位工作职责，掌握客衣洗涤的流程及操作技能，为客人提供优质的洗涤服务，并会填写相关业务表单。

## 学习准备

**1．物品准备**

模拟客衣 10 件和客衣每日收发控制表若干。

**2．场地准备**

模拟小洗衣房，能容纳 20 ～ 30 人进行实操训练。

**3．分组安排**

学生每 5～6 人为一组，一名学生练习，其他学生观摩并负责计时、评价、打分，轮流练习。

**4．技能训练建议学时**

2 学时。

## 技能训练

（1）送洗衣物分类检查。

（2）根据送洗的洗衣单逐笔填明：日期，房号，送洗时间，一般洗烫或加快洗烫，水洗、干洗或烫衣数量等。

（3）根据规定的时间将客衣每日收发控制表（见表 6–4）送至客务中心，核对要求洗衣的客人的衣物是否均已送洗。

表 6-4 客衣每日收发控制表

日期：

| 房号 | 时间 | 普通服务 | 快洗服务 | 水洗 / 件 | 干洗 / 件 | 整烫 / 件 | 收集人签名 | 送回人签名 |
|---|---|---|---|---|---|---|---|---|
| | | | | | | | | |
| | | | | | | | | |
| | | | | | | | | |
| | | | | | | | | |
| | | | | | | | | |
| | | | | | | | | |
| | | | | | | | | |

（4）客衣洗涤包装、整理完毕后核对客衣每日收发控制表，确定所有送洗的客衣均已洗好送回。

（5）洗衣房送衣至楼层时，要依照所分配的房号将客衣送至客房，并在客衣每日收发控制表“送回人”处验收签名。

洗衣房管理流程，如图 6-8 所示。

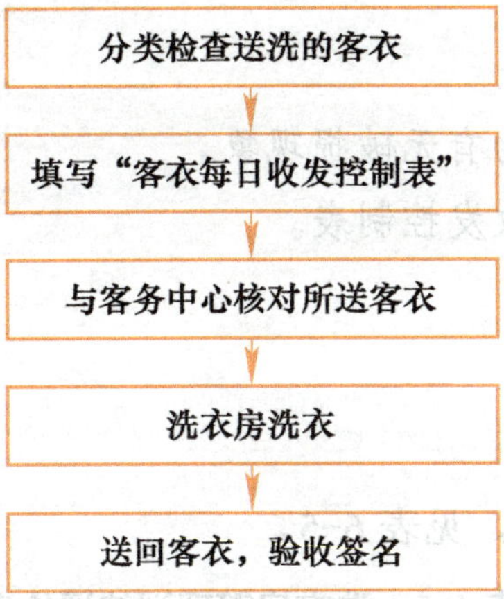


图 6-8 洗衣房管理流程

**知识链接**

一、客人要求赔偿作业流程

（1）凡发现客衣有洗坏的情形，应立即报告客房部主管。

（2）客房部主管必须追究责任并查明原因，如确属洗衣房人员疏忽所致，应由作业人员自行负责赔偿，或依酒店规定处置。

（3）客房部主管应将实情向客人委婉说明，如为作业疏忽则征询客人的意见，给予合理的赔偿，若为客衣本身问题则需取得客人谅解。

（4）将赔偿情形及金额记录于工作记录簿内，填明：客人姓名、日期、房号、赔偿金额、赔偿原因。

（5）事后应开会总结造成错误的原因，以便日后改进。

二、客衣寄存作业流程

（1）客人离开本酒店若要求寄存洗好的衣服时，应请其填明姓名及房号。

（2）登记在寄存客衣登记簿中，填明：日期、房号、姓名、包数、挂数、已入账或未入账。

（3）若洗衣未入账，将洗衣单第一、第三联夹在寄存客衣登记簿内，待客人回来取衣时输入计算机入账。

（4）若洗衣已入账，依一般入账程序处理，将洗衣单第二联连同寄存客衣放入寄存专用柜内。

（5）客人回来取衣：①客房办公室人员依寄存客衣登记簿资料找出寄存客衣，送交前台或直接放入客房；②客房办公室人员在寄存客衣登记簿内填明取衣日期、房号；③如未入账则依一般客衣入账程序处理。

### 技能训练注意事项

1．认真分类并检查衣物有无破损现象。

2．认真填写客衣每日收发控制表。

3．认真核对每一项目。

## 学习评价

洗衣房管理训练评价表，见表6-5。

**表6-5 洗衣房管理训练评价表**

| 被考评人 | | | | | |
|---|---|---|---|---|---|
| 考评内容 | 洗衣房管理训练 | | | | |
| 考评标准 | 内容 | 分值/分 | 自我评价/分 | 小组评议/分 | 教师评价/分 |
| | 分类检查送洗的客衣 | 20 | | | |
| | 填写“客衣每日收发控制表” | 20 | | | |
| | 与客务中心核对所送客衣 | 20 | | | |
| | 送回客衣，验收签名 | 20 | | | |
| | 组织与合作 | 10 | | | |
| | 态度积极主动 | 10 | | | |
| 合计 | | 100 | | | |
| 综合职业素养（优、良、合格） | | | | | |

注：1．实际得分＝自我评价×30%+小组评议×30%+教师评价×40%。

2．考评满分为100分，60～74分为及格；75～84分为良好；85分以上为优秀（包括85分）。

实践·案例

## 代客人填写洗衣单

某酒店住着日本某公司的一批长住客人。某日，一位客人的一件名贵西装脏了，需要清洗。当服务员小张进房送开水时，客人便招呼她说：“小姐，我要洗这件西服，请帮我填写一张洗衣单。”小张想客人也许累了，就爽快地答应了，随即按她领会的客人要求，在洗衣单“湿洗”一栏中做了记号，然后将西装和表单送去洗衣房。接手的洗衣工恰恰是刚进洗衣房工作不久的新员工，她不假思索地按表单上的要求将名贵西装进行了湿洗操作。不料，客人西装口袋盖背面出现了一点破损。

客人收到西装时，发现有破损，十分恼怒，责备小张说：“这件西装价值4万日元，理应干洗，为何湿洗？”小张连忙解释说：“先生，真对不起，不过我是照您的交代填写湿洗单的，没想到……”客人更加生气，打断她的话说：“我明明告诉你要干洗，怎么硬说我要湿洗？”小张感到委屈，说：“先生，实在抱歉，可我确实……”客人气愤之极，抢过话头，大声嚷道：“你真不讲理，我要向你的上司投诉！”

客房部经理接到客人的投诉，客人要求赔偿2万日元，经理吃了一惊，立刻找到小张了解事情的原委，但究竟交代的是干洗还是湿洗，双方各执一词，无法查证。经理十分为难，感到问题的严重性，便向主持酒店工作的常务副经理作汇报。常务副经理也感到棘手，便召集酒店领导反复研究，考虑到这家日本公司在酒店有一批长住客，尽管客人的索赔大大超过了酒店规定的赔偿标准，但为了彻底平息这场风波、稳住这批长住客人，最后还是接受了客人的要求，赔偿2万日元。

评析：本案例主要责任在酒店方面。首先，在为客人服务的过程中，严格执行酒店的规章制度和服务程序，才是对客人真正的负责；其次，即使代客人填写了洗衣单，事后也应该让客人过目，予以确认，并让客人亲自签字，以作为依据；最后，洗衣房也有责任，洗衣工对业务不熟，工作不够细致周到，也是导致差错的原因。

思考与启示：服务员如何代客人填写洗衣单？

答：服务员不应该代客人填写洗衣单，应该委婉拒绝。即使代客人填写洗衣单，事后一定要让客人过目，予以确认，并让客人亲自签字，以作为依据。

# 项目七

# 客房接待服务训练

客房接待服务包括迎送服务、洗衣服务、夜床服务、小酒吧服务、行政楼层服务和会议服务等，这些服务工作很多都是与客人面对面的服务，所以服务人员的仪表、举止和谈吐十分重要，直接关系到客人对酒店服务的满意度，应该特别重视。

## 理论知识

### 一、酒店服务人员仪表的要求

服务人员的仪表包括服饰、仪容、仪态和举止等。

**1. 服饰**

（1）上班时间穿规定制服，保持整洁、挺括。

（2）将制服所有纽扣扣好，拉链拉好。

（3）皮鞋光亮干净，以黑色为宜。

（4）上班时间不要佩戴饰物。

（5）要按规定将名牌佩戴在左胸上方。

**2. 仪容**

（1）头发清洁整齐，女服务员长发必须扎起。

（2）不留长指甲，不涂指甲油。

（3）男士常刮胡子，不留鬓角。

（4）勤洗澡、勤换衣。

（5）女士化淡妆。

**3. 仪态和举止**

（1）和蔼可亲，面带笑容，精神饱满，充满活力。

（2）站立时不可叉腰、弯腿和靠墙。

（3）就座时双腿合拢。

（4）步态轻盈平稳，力求自然。

（5）谈吐大方有理，音量适度。

### 二、规范站姿的要求

（1）站立时挺胸、收腹、腰背挺直、两眼平视、略收下颚。

（2）两臂自然下垂，双手体前（或体后）交叉，右手搭在左手上。

（3）双腿绷直，女服务员脚后跟相磕，呈“V”字形站立；男服务员两脚打开，间距与肩同宽，脚尖略外八字站立。

## 三、引领的方法

（1）走在客人侧前方 2 ～ 3 步的地方。

（2）伸手示意客人“请这边走”。

（3）遇到台阶时，提醒客人“注意台阶”。

（4）注意照顾客人是否跟上。

## 四、接递物品的要求

（1）双手接递物品。

（2）上身略微前倾。

（3）目光注视对方，面带微笑。

## 五、洗衣服务包括的内容

### 1．洗衣服务的种类

（1）水洗。

（2）干洗。

（3）熨烫。

### 2．洗衣服务的时间

（1）正常服务。

（2）快洗服务（快洗不超过 4h 送回，但要收取加急费）。

## 六、收取客衣的方法

（1）将洗衣袋及已填好的洗衣单（见表 7-1、表 7-2）收上来后，服务员按照客人填写的洗衣单上的内容，核对衣服的名称、件数和房号。

（2）逐件检查客衣有无破损、纽扣松动或脱落、严重污渍、是否褪色、衣服口袋内有无钱和物。

（3）查看客人的洗烫熨要求能否满足。

（4）服务员按照客人填写的洗衣单内容登记客衣每日收发控制表（见表 6-4），登记时写清楚客人的房间号和日期、衣服的名称和数量、客人的要求和特殊交代。

（5）填写经手人的姓名。

## 七、分送客衣的方法

（1）客房服务员接收洗衣服务处送回的客衣时，要清点总份数、件数，检查是否与洗衣单一致、衣服的各种装饰是否齐全。

（2）送到客人房间，当面交给客人。

**表 7-1 湿洗衣单**

客人姓名：　　　　　　　　　　日期：

客人签名：　　　　　　　　　　房号：

| 客人计数 | 酒店计数 | 女装 | 单价 / 元 | 合计 / 元 | 男装 | 单价 / 元 | 合计 / 元 |
|---|---|---|---|---|---|---|---|
| | | 女恤 | 30.00 | | 恤衫 | 30.00 | |
| | | 半截裙 | 30.00 | | 毛衣 | 40.00 | |
| | | 长裙 | 60.00 | | 长裤 | 40.00 | |
| | | 毛衣 | 40.00 | | 外套 | 68.00 | |
| | | 长裤 | 40.00 | | 围巾 | 29.00 | |
| | | 外套 | 58.00 | | 牛仔裤 | 46.00 | |
| | | 围巾 | 29.00 | | 牛仔衣 | 58.00 | |
| | | 牛仔裤 | 46.00 | | 内裤 | 15.00 | |
| | | 牛仔衣 | 58.00 | | 内衣 | 15.00 | |
| | | 内裤 | 15.00 | | 睡衣 | 30.00 | |
| | | 内衣 | 15.00 | | 衬衣 | 45.00 | |
| | | 短袜 / 双 | 10.00 | | 西裤 | 46.00 | |
| | | 套裙 | 40.00 | | 短裤 | 25.00 | |
| | | 睡袍 | 30.00 | | 袜 / 双 | 15.00 | |
| | | 运动衫 / 套 | 58.00 | | 运动衫 / 套 | 58.00 | |
| | | 文胸 | 15.00 | | | | |
| | | 短裤 | 25.00 | | | | |

另加收 15% 服务费　　　　　　总数

特别提示：

请在适当位置打√：正常服务（　　），快洗服务（　　）。快洗服务加收 50% 额外费用。

郑重声明：客衣损坏，最多赔偿洗衣费的 10 倍。

**表 7-2　干洗 / 熨衣单**

客人姓名：　　　　　　　　　　日期：

客人签名：　　　　　　　　　　房号：

| 客人计数 | 酒店计数 | 女　装 | 干洗 / 元 | 熨烫 / 元 | 合计 / 元 |
|---|---|---|---|---|---|
| | | 女恤 | 42.00 | 35.00 | |
| | | 半截裙 | 50.00 | 38.00 | |
| | | 长裙 | 78.00 | 45.00 | |
| | | 毛衣 | 58.00 | 35.00 | |
| | | 长裤 | 58.00 | 35.00 | |
| | | 外套 | 80.00 | 60.00 | |
| | | 围巾 | 30.00 | 23.00 | |
| | | 牛仔裤 | 58.00 | 35.00 | |
| | | 牛仔衣 | 68.00 | 40.00 | |
| | | 套裙 | 70.00 | 40.00 | |
| | | 睡袍 | 50.00 | 30.00 | |
| | | 运动衫 / 套 | 65.00 | 35.00 | |
| | | 男　装 | | | |
| | | 恤衫 | 40.00 | 35.00 | |
| | | 毛衣 | 58.00 | 35.00 | |
| | | 长裤 | 58.00 | 35.00 | |
| | | 外套 | 80.00 | 60.00 | |
| | | 围巾 | 30.00 | 23.00 | |
| | | 牛仔裤 | 58.00 | 35.00 | |
| | | 牛仔衣 | 68.00 | 40.00 | |
| | | 睡衣 | 50.00 | 30.00 | |
| | | 衬衣 | 58.00 | 40.00 | |
| | | 西裤 | 58.00 | 38.00 | |
| | | 短裤 | 25.00 | 15.00 | |
| | | 运动衫 / 套 | 65.00 | 35.00 | |
| 另加收 15% 服务费 | | 总数 | | | |

特别提示：

请在适当位置打 √：正常服务（　　），快洗服务（　　）。快洗服务加收 50% 额外费用。

郑重声明：客衣损坏，最多赔偿洗衣费的 10 倍。

## 八、工作车的准备方法

（1）擦拭工作车，将干净的垃圾袋和布件袋挂好。

（2）把棉织品、文具、烟灰缸、茶具等准备齐全。

（3）卫生间清洁的各种清洁剂、清洁工具、抹布等物品备好、摆齐。

## 九、寝前整理的步骤及要求

寝前整理又称晚间服务或夜床服务，服务内容主要包括以下三项：

（1）房间整理。

（2）卫生间整理。

（3）开夜床。

提供此项服务，能体现酒店服务的水平，使客人感到舒适温馨，是对客人表示欢迎的一种礼遇。

## 十、开夜床的基本要求

（1）若房间住一位男宾，开外侧的床，如图 7-1 所示。

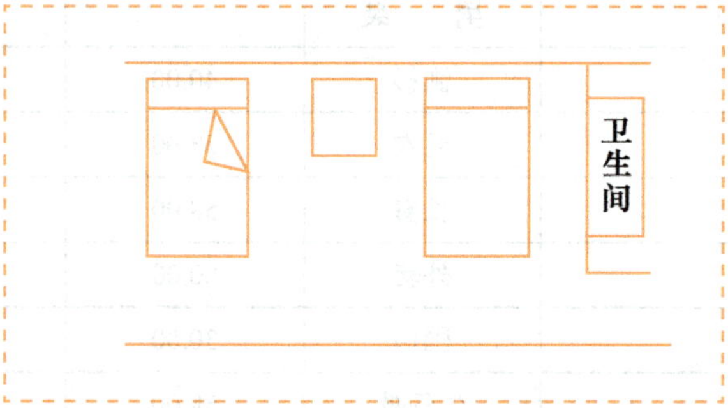


图 7-1　住一位男宾的开夜床示意图

（2）若房间住一位女宾，开里侧的床（靠卫生间墙一侧的床），如图 7-2 所示。

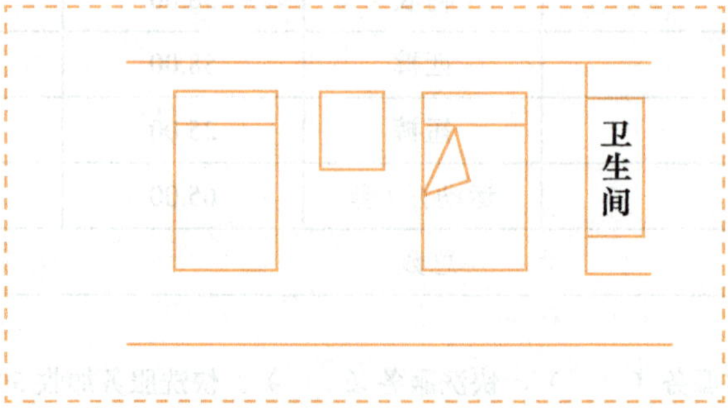


图 7-2　住一位女宾的开夜床示意图

（3）住两位男宾或两位女宾时，开床方向一致（朝外），如图 7-3 所示。

（4）夫妇房间开床方向相对，如图 7-4 所示。

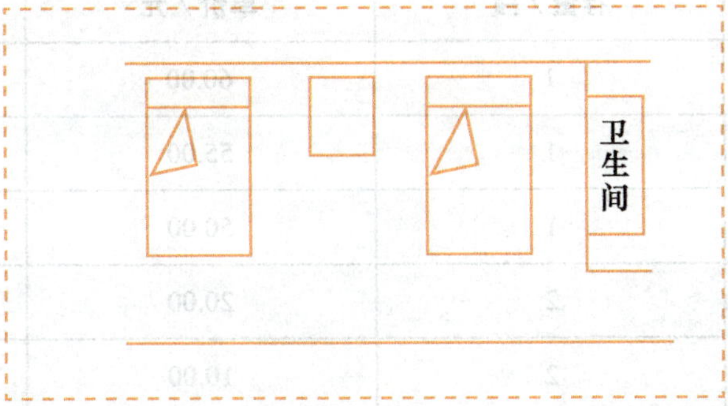


图 7-3　住两位男宾或两位女宾的开夜床示意图

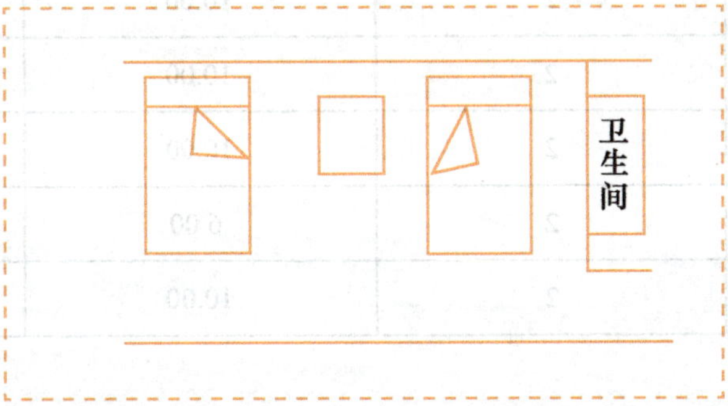


图 7-4　夫妇房间的开夜床示意图

## 十一、小酒吧服务简介

为方便客人的需要，同时增加酒店客房收入，中高档酒店都在客房内设有小酒吧（见图 7-5）和小冰箱（见图 7-6），按规定品种和数量配备酒水、饮料和小食品等，还提供配套的酒杯、水杯、开瓶器、调酒棒和纸巾等用具用品。客人可以自行取用，用后自行填写客房小酒吧收费单，见表 7-3。

图 7-5　小酒吧

图 7-6　小冰箱

表 7-3　客房小酒吧收费单

房号：　　　　　　　　　　　　　日期：

| 品　　名 | 存量 / 瓶 | 单价 / 元 | 耗量 / 瓶 |
|---|---|---|---|
| 人头马 VSOP | 1 | 60.00 | |
| 伏特加 | 1 | 55.00 | |
| 占边美国威士忌 | 1 | 50.00 | |
| 青岛啤酒 | 2 | 20.00 | |
| 百事可乐 | 2 | 10.00 | |
| 可口可乐 | 2 | 10.00 | |
| 芬达 | 2 | 10.00 | |
| 雪碧 | 2 | 10.00 | |
| 椰汁 | 2 | 10.00 | |
| 矿泉水 | 2 | 6.00 | |
| 八宝粥 | 2 | 10.00 | |

合计：

另加收 10% 服务费

总计：

## 十二、小酒吧检查核对的内容

（1）清点酒水、饮料和食品的数量。

（2）检查酒水、饮料和食品有无变质以及是否到保质期等。

（3）检查客人是否填写收费单。

## 十三、行政楼层服务概述

行政楼层（见图 7-7）也称商务行政楼层（Executive Floor），是专门接待酒店的商务客人及来自公司的高级行政管理人员，并为他们提供商务服务的楼层。该楼层被誉为酒店的“店中店”，有独立的总台、咖啡厅（见图 7-8）、会客室（见图 7-9）、报刊资料室、客人休息室及商务中心等。行政楼层为入住该楼层的客人提供从预定到抵店、入住、离店等全方位服务，集酒店的前厅登记、结账、餐饮等服务于一身，为商务客人提供方便以及针对性的服务。

图 7-7　行政楼层

图 7-8　行政楼层咖啡厅

图 7-9　行政楼层会客室

四星级以上的酒店大都设有行政楼层，商务客人希望行政楼层的客房（见图 7-10）内的设施和物品等适合办公及商务洽谈，一般所有的行政楼层客房的房间均提供私人办公设备（见图 7-11），备有传真机、复印机、扫描仪、打印机以及个人专用的咖啡机、音乐系统以及浴室内置电视等。虽然各酒店都为商务客人设有商务中心，但是这些客人为了有效利用时间，希望在离客房较近的地方办公，并且也很想避开那些零散的观光旅游客，寻找幽静而舒适的办公与休息环境。

图 7-10　行政楼层客房

图 7-11　行政楼层客房办公设备

在行政楼层，完善的服务标准，加上对隐私的重视使得这里成为公司高级管理层摆脱世俗纷扰的绝佳场所。比如在这里，客人可享受一些特殊服务，包括快速入店/离店服务，商务中心和礼宾部也会根据客人的不同需求提供周到的服务。

近年来，由于商务活动对服务的要求水准不断提高、商务客人消费档次不断提高，商务服务也日趋专门化，这使得现代型酒店格外重视商务服务的质量。从某种意义上说，专门化的商务服务项目的有无及其服务水平的高低，已经成为衡量一个现代型高档酒店的重要标志。一些三星级酒店也纷纷效仿，在其客房部为光顾酒店的普通商务客人设置商务楼层，提供有别于其他客人的特殊服务，取得了较好的效果。未来，将有更多的酒店加入这一行列。

**知识链接**

行政楼层服务具有以下特点：

（1）设有小型总服务台，并有专人为入住行政楼层的客人办理入住手续。

（2）设有宽敞明亮的休息室，可供客人会客、进行商务洽谈、休闲娱乐及阅览报刊，客人还可以在此享用美味的自助早餐和茶点、鸡尾酒等。

（3）行政楼层的商务中心内设有计算机、复印机、传真机和电话等，并由受过专门训练的服务员提供打字、电传、传真、秘书以及委托代办等多项服务。

（4）客人可享受一些免费服务和特殊待遇。如在机场或火车站用专车或贵宾车接待客人到客房；享受免费早餐及晚餐前的鸡尾酒；全日免费供应咖啡、茶及曲奇饼；免费享用桑拿浴、健身房、歌舞厅等康乐服务；特价或免费使用商务楼层的会议室；免费熨烫衣物一套，特快干洗、湿洗服务不另加收费用。商务客人还可以延长办理离店手续的时间。

（5）客房装饰格调高雅，设施设备功能齐全、豪华舒适，并由专职服务员提供客房清理等服务。

## 十四、各种会议的基本服务

### 1．上茶服务

上茶时，左手托盘，右手先将垫盘和杯垫摆好，用大拇指轻按杯盖，以杯底的前沿先落入垫盘内，然后将杯把转至客人的右手一侧，并说“请您用茶”或在托盘内先将茶杯移入垫盘内，将茶具整套端取。

### 2．续水服务

右手持暖瓶，用左手的小拇指和无名指夹住杯盖上的小圆球，用大拇指、食指和中指握住杯把，将茶杯端起，侧身续水，再将茶杯放回原处，盖好杯盖，说“请您用茶”。

**3. 小毛巾服务**

上小毛巾时，左手托盘向后自然拉开，右手将小毛巾放在客人的右手一侧，说“请用毛巾”。

## 十五、会见厅和会谈厅的布置

（1）会见厅（见图 7-12）根据人数可摆成马蹄形（30 人以下）和 T 字形（30 人以上）。

（2）会谈厅（见图 7-13）可摆成一字形（双边会谈）和椭圆形（多边会谈）。

图 7-12 会见厅

图 7-13 会谈厅

## 十六、会议的摆台服务程序

（1）便笺放在座位正前方，下端距桌边约 5cm。

（2）铅笔、红蓝铅笔放在便笺的右侧，笔尖向上。

（3）茶具放在便笺的右上方，茶杯放在垫盘内，垫盘上放一杯垫或小毛巾，杯把朝向客人右手一侧，与桌边成 45° 角。

（4）座位卡放在座位居中且距上桌边 5cm 处。

# 任务一 迎送服务训练

**能力点**

能够按规范标准进行迎送服务。

迎送服务

## 学习目标

明确迎送服务中仪表、仪容、仪态的要求，掌握迎送服务的方法，做到正确、规范。

## 学习准备

**1．物品准备**

4只秒表、4个房卡、4件行李。

**2．场地准备**

4间标准客房，客房状态为空房，能容纳20～30人进行实操训练。

**3．分组安排**

学生分成4大组，分别在4个房间进行练习。每两人为一小组，分别扮演服务员和客人进行训练，其他学生观摩并评分，轮流练习。

**4．技能训练建议学时**

2学时。

## 技能训练

**1．站位**

扮演服务员的学生在服务台或电梯口按服务站姿站好，准备迎接客人。

**2．迎客**

当客人来到楼层后，服务员微笑迎客，讲敬语向客人问候，表示欢迎，核对客人住房卡。双手接递住房卡，要讲“请您出示住房卡”“谢谢，请收好”。

**3．引领**

将客人带至房间。引领时主动帮助客人拿行李。到达房门口后，先核对房号，准确无误后敲门，无应答，替客人打开房门，退出，请客人先进（若是晚上服务，服务员先进房间打开电灯后退出，请客人先进）。

**4．介绍**

进房间后按客人的要求放好行李，向客人作房间介绍。介绍的内容一般包括设施设备和电话的使用方法及酒店相关的服务项目，对常住客人只介绍新增设的服务项目。介绍的时间为 2 ～ 3min。

**5. 退出房间**

询问客人还有什么需要帮忙的，可以说："请问您还有什么需要帮忙的吗？"若没有，可以说"有事请您与服务台联系"或"您有事拨打电话与客房服务中心联系，我们随时为您服务，祝您愉快"。面向客人后退两步，转身到门口处，再转过身来，退出房间。

**6. 送客**

客人离开房间后，服务员向客人道别，并帮其打开电梯。

迎送服务流程，如图 7-14 所示。

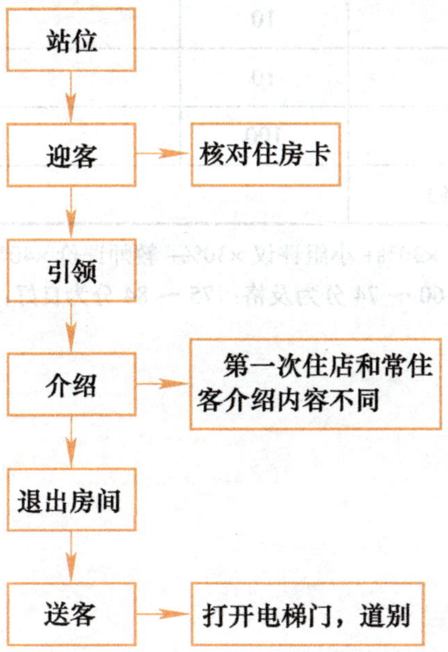


图 7-14　迎送服务流程

**技能训练注意事项**

1．扮演服务员的同学要注意自己的着装、表情及敬语，服务要到位，举止要规范、准确。

2．此项训练 5min 内完成。

## 学习评价

迎送服务训练评价表，见表 7-4。

表 7-4 迎送服务训练评价表

| 被考评人 | | | | | |
| --- | --- | --- | --- | --- | --- |
| 考评内容 | 迎送服务训练 | | | | |
| 考评标准 | 内　容 | 分值 / 分 | 自我评价 / 分 | 小组评议 / 分 | 教师评价 / 分 |
| | 站位 | 10 | | | |
| | 迎客 | 20 | | | |
| | 引领 | 15 | | | |
| | 介绍 | 15 | | | |
| | 退出房间 | 10 | | | |
| | 送客 | 10 | | | |
| | 组织与合作 | 10 | | | |
| | 态度积极主动 | 10 | | | |
| 合　计 | | 100 | | | |
| 综合职业素养（优、良、合格） | | | | | |

注：1. 实际得分 = 自我评价 ×30%+ 小组评议 ×30%+ 教师评价 ×40%。
2. 考评满分为 100 分，60 ～ 74 分为及格；75 ～ 84 分为良好；85 分以上为优秀（包括 85 分）。

# 任务二 洗衣服务训练

## 能力点

能够按规范标准进行客衣清洗服务。

## 学习目标

了解洗衣服务的程序，学习收取、分送客衣的方法，明确服务中应注意的事项。

## 学习准备

**1. 物品准备**

衣服若干件、洗衣单、秒表、课桌 4 张。

**2. 场地准备**

教室一间，能容纳 20 ～ 30 人进行技能训练。

3．分组安排

学生分成4大组，分别在教室的4个位置进行练习。每两人为一小组，分别扮演服务员和客人进行训练，其他学生观摩并评分，轮流练习。

4．技能训练建议学时

2学时。

## 技能训练

1．收取客衣

客人将要洗的衣服装入洗衣袋内，连同已填好的洗衣单一起交给服务员，或放在房间内的床上，或挂在门把手上，或直接告知服务员。

2．核对

按照客人填写的洗衣单上的内容逐项核对，若有误差，在洗衣单上注明，并向客人说明。

3．检查

对客衣进行检查，属于衣服的问题要向客人说明，口袋内的钱物要交给客人或领班，妥善保管，做好记录。

4．认真登记

服务员按照客人填写的洗衣单内容进行登记。

5．分送客衣

清点完洗衣服务处送回的客衣后，当面交给客人，向客人讲明件数、金额，并请客人当面点清。如果客人不在房间，待客人回到房间及时送交给客人；如遇门外有“请勿打扰”标志，可由门缝塞入说明纸条，告知客人衣物已洗烫好，请客人与有关部门联系。

6．交送账单

当日客衣的账单要当日结算和转交。对自费散客付现金的要当面清点，并在账单上加盖“现金收讫”印章。对签单客人在账单上签字后转财务部。

洗衣服务流程，如图7-15所示。

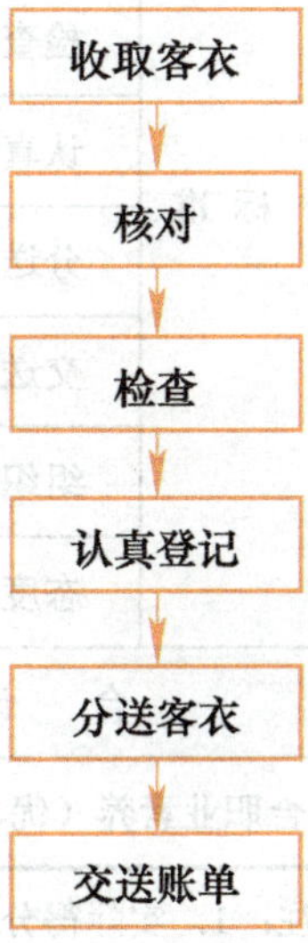


图7-15 洗衣服务流程

### 技能训练注意事项

1. 收取客衣时，凡是客人装入洗衣袋的衣服可以取走，放在其他地方没有客人吩咐的，不能取走。

2. 收取客衣时，检查核对是最主要的一项工作，服务员要认真仔细地完成。

3. 收取后要将洗衣袋口系紧，及时送交相关部门，不能随意乱放或挂在工作车上。

4. 凡是熨烫的高级时装，要用衣架挂好，不要折叠摆放。

5. 此项训练 5min 内完成。

## 学习评价

洗衣服务训练评价表，见表 7-5。

表 7-5　洗衣服务训练评价表

| | | | | | |
|---|---|---|---|---|---|
| 被考评人 | | | | | |
| 考评内容 | 洗衣服务训练 | | | | |
| | 内　　容 | 分值 / 分 | 自我评价 / 分 | 小组评价 / 分 | 教师评价 / 分 |
| 考评标准 | 收取客衣 | 10 | | | |
| | 核对 | 15 | | | |
| | 检查 | 15 | | | |
| | 认真登记 | 15 | | | |
| | 分送客衣 | 15 | | | |
| | 交送账单 | 10 | | | |
| | 组织与合作 | 10 | | | |
| | 态度积极主动 | 10 | | | |
| 合　　计 | | 100 | | | |
| 综合职业素养（优、良、合格） | | | | | |

注：1. 实际得分 = 自我评价 ×30%+ 小组评议 ×30%+ 教师评价 ×40%。

2. 考评满分为 100 分，60 ～ 74 分为及格；75 ～ 84 分为良好；85 分以上为优秀（包括 85 分）。

# 任务三 夜床服务训练

开夜床服务

## 能力点

能够按规范标准进行开夜床服务。

## 学习目标

了解夜床服务的内容，明确开夜床的基本要求，掌握晚间整理（夜床服务）的服务程序及方法。

## 学习准备

**1．物品准备**

工作车 4 辆、房卡 4 个。

**2．场地准备**

标准间 4 间，客房状态为空房，能容纳 20 ~ 30 人进行实操训练。

**3．分组安排**

学生分成 4 个组，在 4 个房间进行操作训练。学生逐个练习时，其他学生观摩并评分，轮流练习。

**4．技能训练建议学时**

4 学时。

## 技能训练

**1．敲门入房**

用食指或中指轻敲三下，敲两次，每次间隔 3 ~ 5s。听到客人回声，将房门打开 20cm，站在门外（不能探头）向客人问好，通报自己的身份和进房目的，客人同意后向客人表示感谢，方可入房。若房内没有反应，则可开门进房。

**2．开门、开灯**

进房间后将房门打开（直到整理完毕），打开房灯，同时将工作车朝里横挡在房间门口。

### 3. 整理卧室

拉上窗帘，更换用过的茶水具和纸篓等，将拖鞋在床前放好，将多控柜上提示牌印有“晚安”字样的一面摆向前。

### 4. 开夜床

（1）中式床：床旗叠好放在柜中，将床头处被子折角。

（2）西式床：床罩叠好放在柜中，在床头处一角把毛毯和第二条床单拉出，按90°角回折。整理好床后，打开床头灯或地灯。

### 5. 整理卫生间

（1）进卫生间后先打开灯，查看照明设备是否完好。

（2）拉开水箱，检查恭桶是否正常。

（3）如客人用过洗面盆、浴缸、恭桶，要重新擦洗干净，更换补充毛巾、洗漱用品和纸篓。

（4）将地巾铺在浴缸外的地面上。

（5）浴帘下垂部分放入浴缸内，并拉至2/3处。

### 6. 退出房间

关灯，退出房间，并在工作表上做好记录。

夜床服务流程，如图7-16所示。

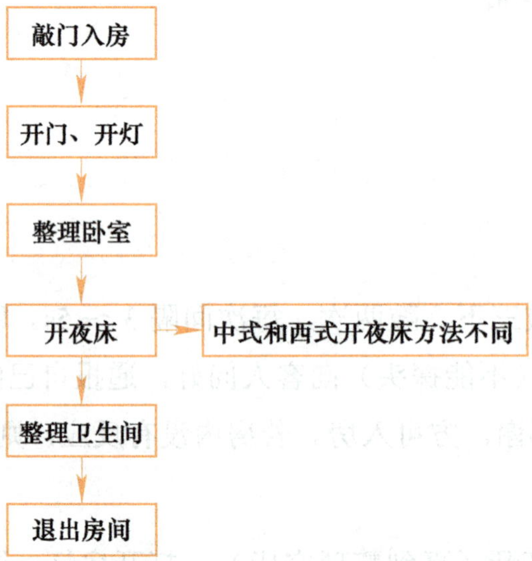


图7-16 夜床服务流程

### 技能训练注意事项

1. 开夜床服务的时间一般在18：00～20：00。

2. 遇到房间内有客人时，要先征求客人意见，如果客人不需要，应在工作表上注明。

3. 住一位客人的房间，每天要开固定的床位。

4. 开夜床时被子或床单和毛毯回折角度可有30°角、45°角、90°角等多种。

5. 此项训练10min内完成。

## 学习评价

夜床服务训练评价表，见表7-6。

表7-6　夜床服务训练评价表

<table>
<tr><td>被考评人</td><td colspan="5"></td></tr>
<tr><td>考评内容</td><td colspan="5">夜床服务训练</td></tr>
<tr><td rowspan="9">考评标准</td><td>内　　容</td><td>分值/分</td><td>自我评价/分</td><td>小组评议/分</td><td>教师评价/分</td></tr>
<tr><td>敲门入房</td><td>10</td><td></td><td></td><td></td></tr>
<tr><td>开门、开灯</td><td>5</td><td></td><td></td><td></td></tr>
<tr><td>整理卧室</td><td>20</td><td></td><td></td><td></td></tr>
<tr><td>开夜床</td><td>20</td><td></td><td></td><td></td></tr>
<tr><td>整理卫生间</td><td>20</td><td></td><td></td><td></td></tr>
<tr><td>退出房间</td><td>5</td><td></td><td></td><td></td></tr>
<tr><td>组织与合作</td><td>10</td><td></td><td></td><td></td></tr>
<tr><td>态度积极主动</td><td>10</td><td></td><td></td><td></td></tr>
<tr><td colspan="2">合　　计</td><td>100</td><td></td><td></td><td></td></tr>
<tr><td colspan="2">综合职业素养（优、良、合格）</td><td colspan="4"></td></tr>
</table>

注：1. 实际得分＝自我评价×30%+小组评议×30%+教师评价×40%。

2. 考评满分为100分，60～74分为及格；75～84分为良好；85分以上为优秀（包括85分）。

# 任务四　小酒吧服务训练

## 能力点

能够按规范标准进行小酒吧服务。

## 学习目标

掌握客房小酒吧服务的程序和内容。

## 学习准备

**1．物品准备**

若干种酒水、饮料、食品、客房小酒吧收费单、模拟小酒吧或小冰箱。

**2．场地准备**

教室一间，能容纳20～30人进行技能训练。

**3．分组安排**

根据模拟物品准备的套数，将学生分组练习，轮流进行。

**4．技能训练建议学时**

2学时。

## 技能训练

**1．清点检查**

专职的酒水员每天在清扫房间的时间进房间检查。

**2．查阅核对**

小酒吧内的食品是收费的，客人用后应填写收费单。服务员查阅客人填写的收费单，核对数量是否相符，若客人没有填写，由服务员代写。

**3．送单**

将“收费单”直接送到收银处、服务中心或酒水中心，通过计算机对其记账。

**4．添补**

按规定数量补齐酒水饮料和食品以及“收费单”。

**5．报损**

立即更换马上到保质期的食品饮料，并填写报告单报损。

小酒吧服务流程，如图 7-17 所示。

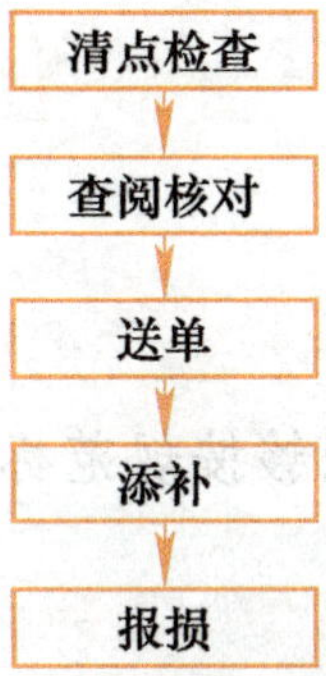


图 7-17 小酒吧服务流程

### 技能训练注意事项

1．领取各种酒水饮料、食品时要注意查看外包装是否完好，送入房间时必须擦洗干净。

2．房间提供的酒水饮料、食品的数量必须按规定配备。

3．此项训练 3min 内完成。

## 学习评价

小酒吧服务训练评价表，见表 7-7。

表 7-7 小酒吧服务训练评价表

| | | | | | |
|---|---|---|---|---|---|
| 被考评人 | | | | | |
| 考评内容 | 小酒吧服务训练 | | | | |
| | 内容 | 分值 / 分 | 自我评价 / 分 | 小组评议 / 分 | 教师评价 / 分 |
| 考评标准 | 清点检查 | 20 | | | |
| | 查阅核对 | 20 | | | |
| | 送单 | 10 | | | |
| | 添补 | 20 | | | |
| | 报损 | 10 | | | |
| | 组织与合作 | 10 | | | |
| | 态度积极主动 | 10 | | | |
| 合计 | | 100 | | | |
| 综合职业素养（优、良、合格） | | | | | |

注：1．实际得分 = 自我评价 ×30%+ 小组评议 ×30%+ 教师评价 ×40%。

2．考评满分为 100 分，60 ～ 74 分为及格；75 ～ 84 分为良好；85 分以上为优秀（包括 85 分）。

# 任务五　行政楼层服务训练

## 能力点

能够按规范标准进行行政楼层服务。

## 学习目标

熟悉行政楼层的各种服务接待程序，重点掌握客人入住服务程序。

## 学习准备

**1．物品准备**

服务台 1 张，模拟客房 1 间，茶壶 1 把，热毛巾 4 块，干果糖果、鲜花水果、茶、酒水、饮料、小点心若干。

**2．场地准备**

能容纳 20～30 人进行技能训练的实训室。

**3．分组安排**

将学生分成若干小组，每组 4 人，其中 1 人进行练习，1 人辅助作物品的准备，另外 2 人参照技能评价标准进行评议，4 人轮流练习。

**4．技能训练建议学时**

4 学时。

## 技能训练

### 一、客人入住服务程序

**1．热情迎宾**

当听到电梯铃响时，行政楼层值班经理或主管应迅速站在相应的位置，商务客人走出电梯，来到楼层总台后，服务人员应面带微笑热情迎接客人，并作自我介绍，请客人在接待台前坐下，遇见熟客应以姓氏称呼，以示亲切。

**2．办理入住手续**

将登记表取出，请客人签名认可，核对客人身份证、护照、付款方式、离店日期与时间、机票确认等，并递送欢迎茶（要求整个过程不超过 3min）。

### 3. 介绍服务项目

主动介绍行政楼层设施与服务项目，包括早餐时间、下午茶时间、鸡尾酒时间、图书报刊赠阅、会议室租用服务、商务中心服务、免费熨衣服务、委托代办服务以及擦鞋服务等，以方便客人选择。

### 4. 引领

引领客人进入客房，客人行李较多时，应主动帮忙。

### 5. 介绍房间情况

告诉客人如何使用钥匙卡，介绍房内设施，预祝客人居住愉快。

### 6. 主动服务

在早餐、下午茶、鸡尾酒服务时间，接待员应主动通知新入住行政楼层的客人。

客人入住服务流程，如图 7-18 所示。

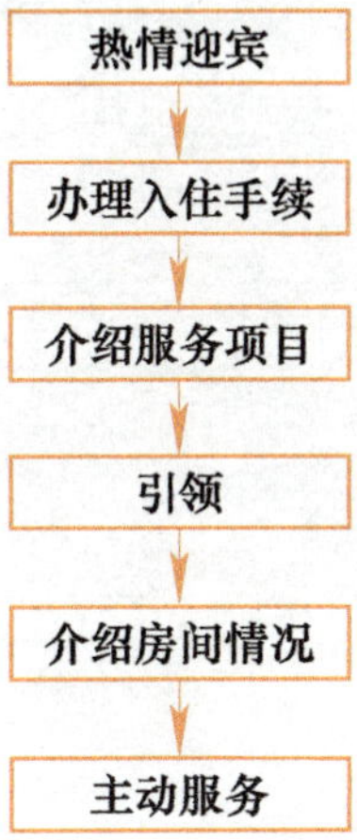


图 7-18 客人入住服务流程

## 二、欢迎茶服务程序

### 1. 进

（1）敲门：切忌用拳头或手掌来敲门，以体现文明服务；敲门勿太急促，以免令客人感到服务员冒失。

（2）按门铃：左手托着托盘，右手垂下并向后微曲，面向门，眼睛平视前方，不低头或东张西望。

（3）等候反应：若客人回话，一定要有反应，不能对客人的回音不予理睬。

（4）回答：要有礼貌，音调要适度，进房行走过程中不要东张西望，要做到大方得体，并注意房门须保持打开状态。

### 2. 沏

（1）沏茶：双手轻轻取出茶杯，注意拿杯把儿处，放茶具时动作要轻。

（2）请茶：做请的姿势时右手掌心向上、五指并拢；要尽量称呼客人姓名。

### 3. 退

（1）结束语：站立时，两臂应稍向后，面带微笑、大方自然地同客人讲话，声音要适度。

（2）退出：不要立即转身，要先后退一步再转身，这样做才不显得失礼；后退一步时，应先回头环视一下身后，以免碰撞客人或其他物品。

欢迎茶服务流程，如图7-19所示。

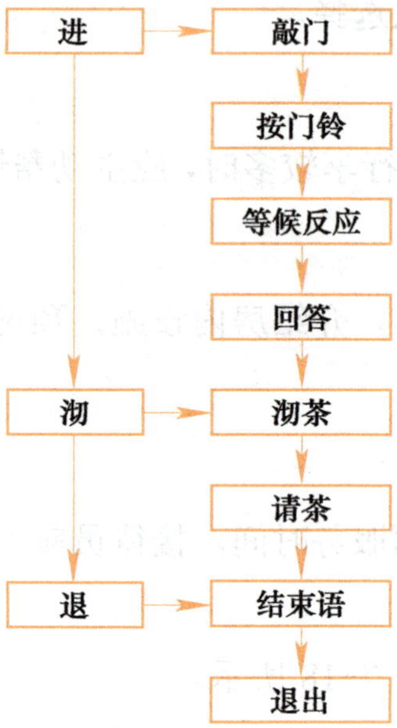


图7-19　欢迎茶服务流程

## 三、早餐服务程序

（1）配合餐饮部专职人员在开餐前10min做好全部准备工作。

（2）确认用餐客人姓名。

（3）称呼客人姓名并礼貌地招呼客人。

（4）引领客人至餐桌前，并为客人拉椅让座。

（5）礼貌地询问客人饮用何种饮料，并请客人用餐。

（6）礼貌地询问客人准备在结账处转账，还是需要将账单送到房间。

（7）客人在用完餐离开时，应礼貌地与客人告别。

（8）统计早餐用餐人数，做好收尾工作。

早餐服务流程，如图7-20所示。

## 四、鲜花水果服务程序

（1）确认次日预计抵店客人的名单。

（2）根据次日预计抵店客人的名单填写申请单。

（3）准备好鲜花、水果、刀叉和餐巾等物品。

（4）在客人到来之前，将准备好的物品送入客房，并按规定位置摆放。

鲜花水果服务流程，如图 7-21 所示。

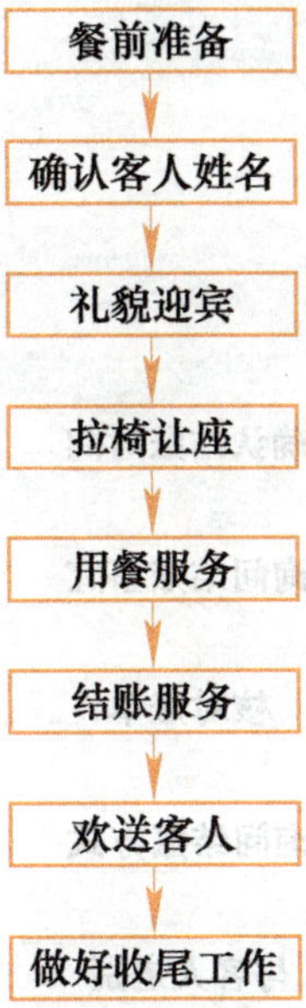


图 7-20　早餐服务流程

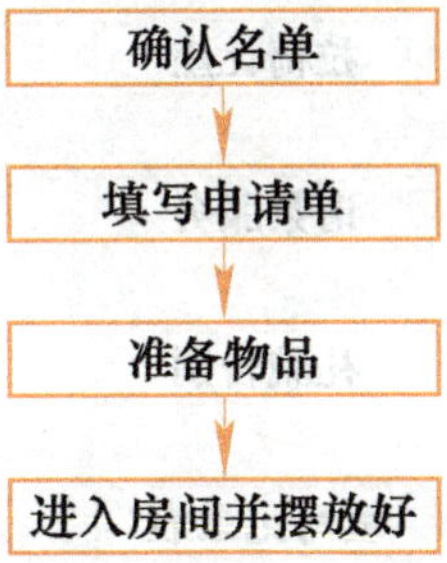


图 7-21　鲜花水果服务流程

## 五、下午茶服务程序

16：00 ～ 17：00 为客人提供免费下午茶服务。

（1）提前 10min，按要求准备好下午茶台。

（2）微笑、主动招呼客人。

（3）引领并为客人拉椅让座。

（4）请客人随意用茶，注意观察，当客人杯中的饮料还剩 1/3 时，应主动询问并及时续添，将用过的杯、盘及时撤走。

（5）客人离开时应向其表示感谢，并与客人道别。

（6）填写记录表。若客人消费超过免费时间，服务员应提示客人，费用要记在客人账户上。

下午茶服务流程，如图 7-22 所示。

## 六、退房结账服务程序

（1）提前一天确认客人结账日期与时间。

（2）询问客人有关结账事宜。

（3）将客人账单明细放入信封中交给客人核对，并请客人在账单上签字，将第一联呈交给客人。

（4）询问客人结账方式。

（5）感谢客人入住并与客人道别。

退房结账服务流程，如图 7-23 所示。

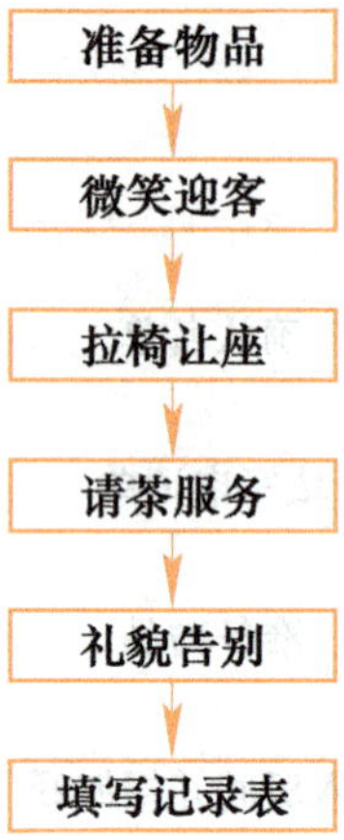


图 7-22　下午茶服务流程

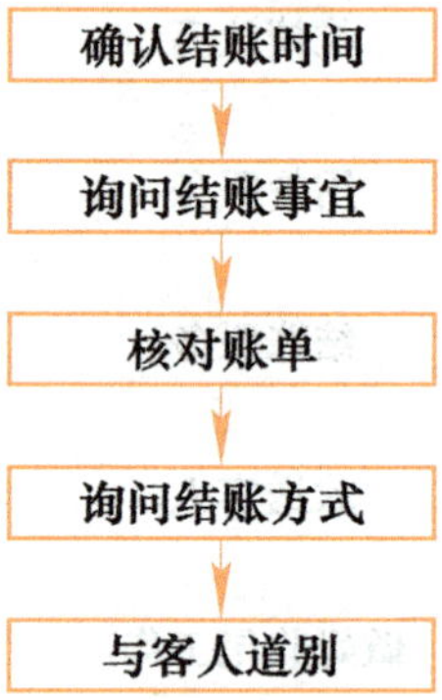


图 7-23　退房结账服务流程

## 技能训练注意事项

1. 行政楼层客房服务通常由专人或相对固定的服务人员担负，以便在工作中观察、了解客人的习惯与爱好，提供更有针对性的服务。

2. 客房服务中要严格遵循不打扰客人的原则。

3. 应格外注重礼节礼貌。

4. 服务必须能满足客人的时间性要求，即在各个服务环节上必须快捷。

5. 涉及客人商务活动的任何内容，服务人员不得向任何人泄露。

6. 对客人没有说明而又不会影响服务的事情，服务人员不得多问。

7. 在客人进行商务活动期间，服务人员应该尽可能回避商务活动现场。

8. 对客人交办的文件复印、打印、传真、电传、电报等文字资料的原稿，必须当面交还客人，并不得自留备份；对于复印、打印中已经作废的文字稿，应该立即销毁；有责任及时、有力、有效地制止其他人查看客人的文字资料。

9. 如果客人较多，应在办理一位客人的业务时，向其他等候的客人礼貌示意。

## 学习评价

行政楼层服务训练评价表，见表7-8。

表7-8　行政楼层服务训练评价表

| 被考评人 | | | | | |
|---|---|---|---|---|---|
| 考评内容 | 行政楼层服务训练 | | | | |
| 考评标准 | 内　容 | 分值/分 | 自我评价/分 | 小组评议/分 | 教师评价/分 |
| | 客人入住服务程序 | 20 | | | |
| | 欢迎茶服务程序 | 10 | | | |
| | 早餐服务程序 | 10 | | | |
| | 鲜花水果服务程序 | 10 | | | |
| | 下午茶服务程序 | 10 | | | |
| | 退房结账服务程序 | 20 | | | |
| | 组织与合作 | 10 | | | |
| | 态度积极主动 | 10 | | | |
| 合　计 | | 100 | | | |
| 综合职业素养（优、良、合格） | | | | | |

注：1. 实际得分＝自我评价×30%+小组评议×30%+教师评价×40%。

2. 考评满分为100分，60～74分为及格；75～84分为良好；85分以上为优秀（包括85分）。

# 任务六　会议服务训练

### 能力点

能够按规范标准进行各类会议服务。

### 学习目标

了解各种会议的厅室布置，明确服务程序，掌握各种会议的基本服务方法。

### 学习准备

**1．物品准备**

课桌、椅子若干套；单人沙发、茶几一套；茶具（茶杯、垫盘、杯垫）若干套；

便笺及铅笔、红蓝铅笔若干；毛巾及毛巾托若干；主客方示意牌；托盘；暖瓶。

2．场地准备

模拟会见厅，摆成马蹄形 6～8 个座位；模拟会谈厅，摆成一字形 6～8 个座位。能容纳 20～30 人进行实操训练。

3．分组安排

学生分成两大组，分别在模拟会见厅和模拟会谈厅练习。一名学生扮演服务员，其他学生扮演主客双方人员，轮流进行会议服务练习。

4．技能训练建议学时

4 学时。

## 技能训练

### 1．服务前的准备

根据会议通知单了解会议性质、时间、人数、要求等。

### 2．场地布置

根据会议的性质、参加人数、会场面积等进行布置，确定主位。

### 3．摆台服务

服务用品的配备一般在会前 30min 准备好。

### 4．迎客服务

客人到达时，服务员热情迎接、礼貌问候，为客人接挂衣帽，并引领到座位，拉椅让座。

### 5．茶水服务

茶水服务包括上茶、上毛巾和续水服务。上毛巾服务是在客人落座后，上茶的同时用托盘上毛巾，站在客人的右侧服务。

### 6．结束工作

会议结束时，服务员提供礼貌服务，为客人递送衣帽，站在门口欢送客人，收拾会场，发现客人遗忘物品要及时交还。

会议服务流程，如图 7-24 所示。

图 7-24　会议服务流程

### 技能训练注意事项

1．迎客、送客要热情，但要注意分寸。
2．文具、茶具等用品的摆放要整齐成线。
3．上茶顺序一般为先宾后主。
4．茶水一般七分满。
5．续水、上毛巾服务一般约 30～40min 一次。
6．上毛巾时若没有毛巾托，一定要使用夹子。
7．服务过程中要做到走路轻、说话轻、动作轻，不影响客人活动。
8．此项训练 10min 内完成。

## 学习评价

会议服务训练评价表，见表 7-9。

表 7-9　会议服务训练评价表

| | | | | | |
|---|---|---|---|---|---|
| 被考评人 | | | | | |
| 考评内容 | 会议服务训练 | | | | |
| | 内　容 | 分值 / 分 | 自我评价 / 分 | 小组评议 / 分 | 教师评价 / 分 |
| 考评标准 | 服务前的准备 | 10 | | | |
| | 场地布置 | 10 | | | |
| | 摆台服务 | 10 | | | |
| | 迎客服务 | 10 | | | |
| | 茶水服务 | 30 | | | |
| | 结束工作 | 10 | | | |
| | 组织与合作 | 10 | | | |
| | 态度积极主动 | 10 | | | |
| 合　计 | | 100 | | | |
| 综合职业素养（优、良、合格） | | | | | |

注：1．实际得分 = 自我评价 ×30%+ 小组评议 ×30%+ 教师评价 ×40%。
2．考评满分为 100 分，60～74 分为及格；75～84 分为良好；85 分以上为优秀（包括 85 分）。

**实践·案例**

## 服务员的迷茫

客房部服务员小李引领两位新入住的客人进房后，一边面带微笑地说“欢迎入住我们酒店”，一边为客人沏上两杯茶水，并说“请用茶”。然后一一介绍客房设施设备：“这是空调开关，这是多控柜，上面每一旋钮的使用方法是……”这时，一位客人不耐烦地说：“知道了。”但服务员小李并未意识到，仍继续说：“桌上文件夹内有入住须知、服务指南……”未等说完，另一位客人便从钱包中迅速抽出一张10元人民币递到服务员小李手中。这时，服务员小李愣住了，她的好意被拒绝，甚至被误解了，她马上对客人说：“对不起，先生，我们不收小费，谢谢您！如果您没有别的事，我告退了。”说完便退出房间，回到服务台。

评析：服务员小李对客人主动热情服务是正确的，按服务规范不厌其烦地为客人作详细介绍也没有错误，但应因人而异，灵活机动，要适度，否则会引起客人的不满和反感。

思考与启示：为客人介绍房间情况时怎样做到适度？

答：介绍房间情况，对酒店常客，可只介绍客房新增设的服务设备、设施；而对第一次入住的客人，则应较详细地介绍房间设备及使用方法。

## 少了一颗纽扣

某酒店客房服务员在签收和检查洗衣房送回的客衣时，发现有一件西服上衣少了一粒扣子，查看原洗衣单也没有注明任何情况。在洗衣房也没有找到扣子，不知道问题出在了哪个环节上。她很无奈，只能坦诚地面对西服的主人，向客人道歉。客人听完服务员的述说，马上歉意地说：“扣子没有丢，我已经拿下来了，责任在我，怪我事先没有对你们说清楚，你们没有错。我给你们添麻烦了，道歉的应该是我。”听了客人的一席话，服务员总算松了一口气。

评析：这个失误显然出现在客房服务员、洗衣服务的工作人员没有按工作程序操作上，收取时没有仔细检查，更没有向客人交代，收发处同时也疏忽了。虽然扣子找到了，但教训是深刻的。

思考与启示：客衣服务中核对、检查、登记的目的是什么？

答：客衣服务是一件非常细致的工作。如果出现丢失、损坏等问题，需按洗衣单上的说明赔偿。所以必须认真仔细，不能出任何差错。否则，会给酒店造成经济损失，影响酒店的声誉。

## 好心的夜床服务

客房服务员为一位住在标准间的客人提供夜床服务时，出于好心将两张床全部开床，认为这样客人可以根据自己的喜好选择床位，可是她不知这一做法竟引起了客人的猜疑，甚至客人一整夜都没有休息好，在等待“另一位住客”。第二天，这位客人便向酒店进行了投诉。

评析：服务员的想法是好的，但是违反了规定，使得客人产生了疑惑。所以，服务中必须严格遵守操作规程，按要求服务，使客人满意。

思考与启示：为客人提供开夜床服务时应注意什么？

答：开夜床时应注意，开床位置的选择：若房间只住一位男宾，开外侧的床；若房间只住一位女宾，开里侧的床（靠卫生间墙一侧的床）；若房间住两位男宾或两位女宾，则开床方向一致（朝外）；若房间住的是夫妇，则开床方向相对。客人有特殊要求时，应按客人要求做。

## 警惕逃账客

两名外籍客人入住某酒店，预计住店两天。第三天早上，客人用完早餐后便离开了酒店，直到 12：00 结账时间仍未归。客房服务员立即向上级做了汇报，并进房间检查，发现房间内除客人扔下的一个破书包外，没有其他任何物品，而小酒吧内的酒水、饮料和食品却被“扫荡”一空。面对这种情况，总台收银处立即与上级主管负责外国人入境住宿户籍管理的部门取得联系，请求帮助。两天后，有关方面查到了外籍客人的下落，并告知酒店。酒店相关部门立即找到了这两位外籍客人，要求他们付清在酒店的全部欠款。

评析：逃账是酒店经常见到的现象。服务员一旦发现疑点要立即向上级汇报，并通过一定的组织和渠道，查找客人，追回逃账，维护酒店的利益。

思考与启示：为防止逃账，饮料员在检查房间内小酒吧时要特别注意什么？

答：为防止出现“偷梁换柱”情况，检查时要注意核对，并用手掂量一下。另外，若客人没有填写收费单，饮料员要根据清点的数量据实替客人填写。

## 忙中出错

某酒店 1116 行政楼层客房的客人李小姐，整个上午都在进行业务洽谈。中午，身心疲惫的她想好好休息一下，于是打电话给总机室的话务员要求 14：00～16：00 之间不接任何外来的电话。早班的话务员听到客人如此要求便向李小姐表示一定会遵从吩咐，万一有电话，会请对方留言。不过因电话线路太忙，早班话务员忘记将这件事记录下来。于是15：00之后接班的下午班话务员便不知道客人有此交代。刚好在下午15：30左右，外边来了一个电话，指名要找1116房间的李小姐，话务员便直接将外线转进李小姐的房间，酣睡中的客人被电话铃声吵醒，相当生气，就责怪话务员未遵从吩咐，并且要找客房部经理投诉。

评析：①话务人员在忙碌时，行事应更为谨慎，因为电话蜂拥而进时会形成一种工作压力，很容易遗忘客人交代的一些琐碎的事项，话务人员应努力克服这种工作上的障碍；②对客人的任何合理要求，既已答应，酒店服务人员就有义务信守与遵从履行；③就本案例而言，错误明显是酒店话务员交接班不清楚所致，而且前面的话务员没有做好相应的记录，所以导致了这样的失误；④话务员应勇于向客人认错，郑重道歉，保证不再发生类似的疏忽。有些酒店的做法是主管出面致歉，并赠送客人一张午餐券，表示对客人的尊重与道歉的诚意。

思考与启示：因工作繁忙而忘记了曾经答应客人的要求，造成了交接班后产生的工作失误，应该怎么办？

答：话务员在工作繁忙的时候，应该把客人提出的要求立即记录下来，以避免交接班后其他话务员不清楚前面的话务员已接受的客人的请求。如果话务员没有做到客人要求的事情，就应该主动向客人认错，并向客人郑重道歉，保证不再发生类似的疏忽；或者由主管出面道歉，并赠送客人礼券，表示对客人的尊重与道歉的诚意。

**黑色记事本不翼而飞**

澳大利亚某报记者纽曼先生来北京对2022年冬奥会进行前期采访报道。下了飞机，根据预定计划，径直往四星级的某酒店而来。

入住手续很快便办完了，纽曼先生被行李员引领到1122房住下。由于这次计划安排较紧，来访活动较多，纽曼先生不敢懈怠，进房后不久便租车外出了。

纽曼先生是个老记者，长期以来养成的职业习惯使他到京后就不知劳累地四处奔波，再次回到酒店已近半夜。

第二天早上六点，纽曼先生愁容满脸地来到大堂副理处，声称他的一本黑色记事本不见了，内有一张回国后将采访澳大利亚网球公开赛的记者证和该报总编先生临行前向他推荐在京访问的部分单位简况介绍。如果这本记事本找不到，他这次北京之行将难以取得预期成果。

纽曼先生当时的心情很焦急，说话结结巴巴，直冒冷汗。大堂副理见状先好言安慰一番，还让一名服务员送来热毛巾给他擦汗。稍稍平静后，坐在大堂副理对面皮椅上的纽曼先生把丢失记事本的经过比较清楚地叙述了一番。据他回忆，最后一次看到黑色记事本是昨天半夜回来时，他清楚地记得还翻阅过本子，但已忘记为了何事。

大堂副理头脑十分冷静，略加思索后便得出结论：记事本多半仍在房中，因为一则从昨天半夜到今晨才六、七个小时，这段时间纽曼先生没有外出过；二则记事本上内容尽是有关工作的，其他人不会对它感兴趣。大堂副理把自己的想法坦率地告诉了纽曼先生，并提出同他一起到房间查看现场的建议。

进房后，大堂副理征得客人同意后，在抽屉、床边、沙发背后等处寻找，半个小时过去了，记事本依然无影无踪。

大堂副理让纽曼先生坐下，请他再好好回忆昨夜回来后直到今天发觉记事本丢失这段时间里做了哪些事情。

"回到房间我先换上拖鞋，接着洗脸，泡一杯茶……"他一一回忆昨夜的一切，"随后接到一个从澳大利亚报社打来的电话，后来按总编意图又打出了两个电话，最后洗澡，看报，熄灯睡觉……"纽曼先生力图不错过每个细节。

大堂副理边听边记，纽曼先生讲完了，他开始深思。片刻后他猛然起立，转身跑到写字桌前，打开文件夹，只见一本精装的黑色记事本正好好地躺在其中。纽曼先生大喜过望，称赞大堂副理有特异功能。大堂副理告诉他，他只是听到纽曼先生回来后还打过电话，便想到客人一定会首先查询打外线电话的办法，这样便很可能一手拿着写有对方电话号码的记事本，另一只手翻开服务指南，打完电话后下意识地将记事本留在文件夹中了。

评析：这是一个急客人所急的典型例子。纽曼先生丢失了记事本，他将无法按原计划在北京开展工作，记事本对他来说是至关重要的。客人为记事本的丢失而焦急沮丧，除了应予以理解外，酒店还应想方设法为他找到失物。

思考与启示：怎样急客人所急，帮助客人找到丢失的物品？

答：1．请客人坐下，递上毛巾，喝口茶水，说几句表示理解和同情的话，设法使客人恢复常态。

2．帮助客人解决实际问题，陪客人一起寻找失物。

3．冷静地整理和分析客人提供的线索，从中寻找可能的答案。

# 项目八

# 客房设备管理训练

客房设备的管理是客房管理的一个重要组成部分。它不仅关系到客房的经济效益，而且是保证客房清洁卫生工作顺利进行的基本条件之一。

# 理论知识

## 一、设备的选择

### 1. 客房设备

客房设备包括家具、电器、洁具、安全设备及一些配套设施等，如图8-1所示。

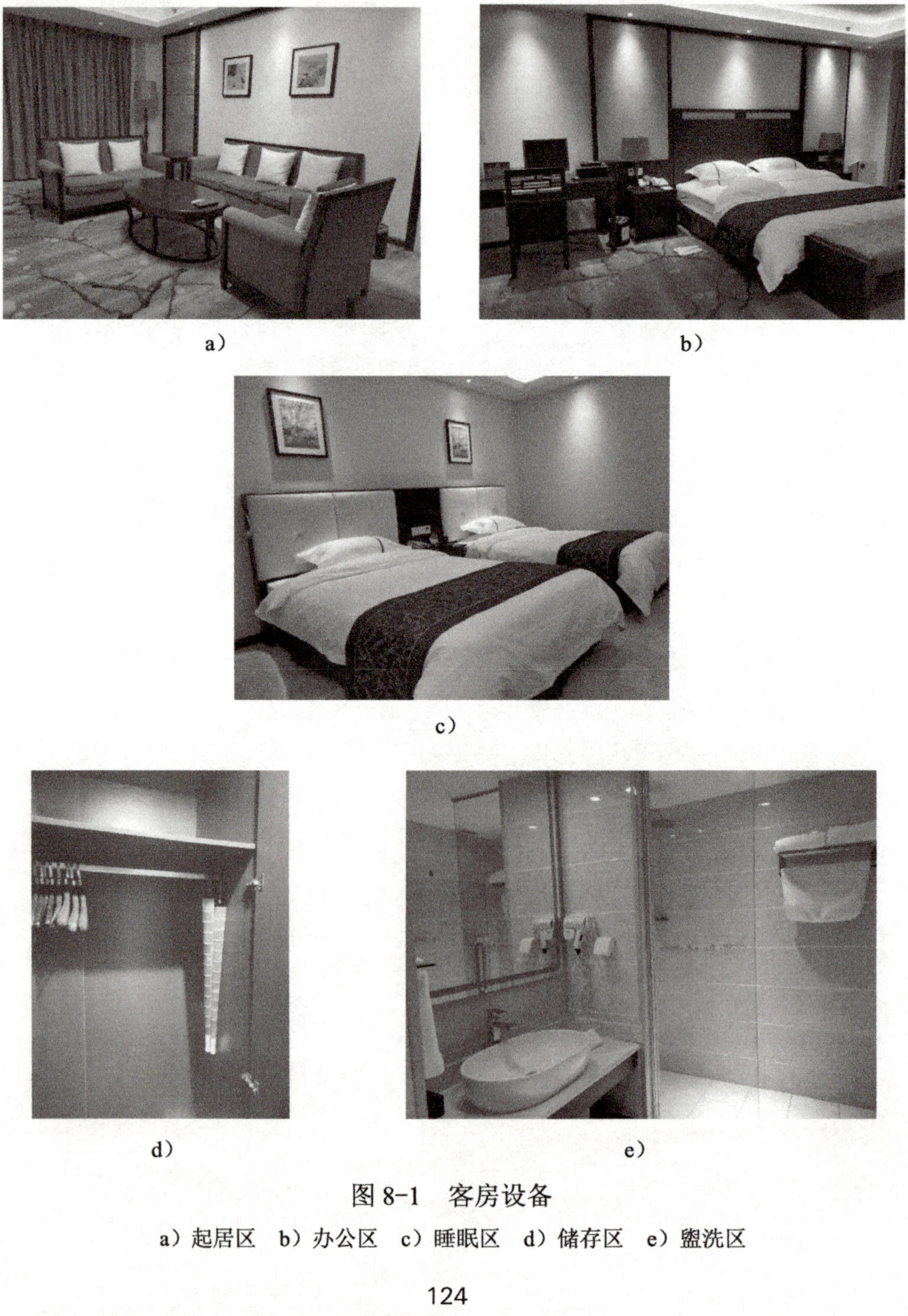

图8-1 客房设备

a）起居区 b）办公区 c）睡眠区 d）储存区 e）盥洗区

客房设备选择的基本原则，如图 8-2 所示。

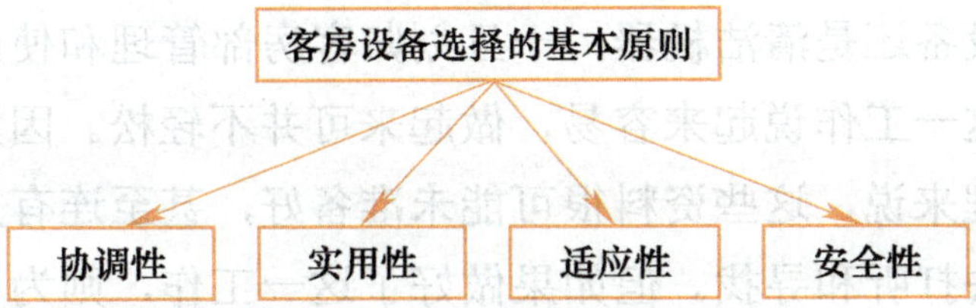


图 8-2　客房设备选择的基本原则

## 2. 清洁设备

清洁设备（见图 8-3）的选择对客房部清洁保养工作的能力和效果具有不可忽略的制约作用。清洁设备选择的基本原则见表 8-1。

a）　　b）　　c）

图 8-3　客房清洁设备

a）吸尘器　b）洗地毯机　c）洗地机

**表 8-1　清洁设备选择的基本原则**

| 基本原则 | 具体说明 |
|---|---|
| 安全可靠性 | 电压是否相符？绝缘性如何？是否有相应级数的过滤装置等 |
| 操作灵便性 | 操作要领简单明了，易于掌握，有灵活性，可清洁死角并能节省体力 |
| 设备保养要求 | 设计上应便于清洁保养，应备有易坏配件 |
| 使用寿命 | 应当坚固耐用，电动机功率应足以适应工作负荷，并有超负荷保护装置 |
| 尺寸和重量 | 影响工作的效率和机动性，甚至关系到设备的保护 |
| 噪声控制 | 电动机设计和传动方式等原因，其噪声量有所不同，应尽可能选用低噪声设备 |
| 动力源 | 如果用于室外清扫等，应考虑用电是否方便，以确定是否应选用动力源 |
| 多用性 | 如果要减少机器件数，可选用多用途设备，只要配有相应的附件即可；但多用途的机器要解决好平时的使用、保养和损坏时的维修问题 |
| 价格对比 | 价格比较不仅要看购买时的价格，还包括售后服务的价格和零部件修配的可靠性等，后者正越来越受到重视 |
| 商家信誉 | 一流的产品往往出自一流的经销商，此外，机器设备的试用、使用前的培训也是保证选购成功的一个重要因素 |

## 二、设备档案的建立

不管是客房设备还是清洁机器，一旦划归客房部管理和使用就应为其进行登记并建立档案。这一工作说起来容易，做起来可并不轻松。因为种种原因，对于大多数客房部经理来说，这些资料很可能未准备好，甚至连有关线索也都必须慢慢地、一点点地去打听和寻找。但如果做好了这一工作，则为以后的许多工作创造了非常有利的条件。设备档案建立的内容见表 8-2。

表 8-2　设备档案建立的内容

| 客房装修资料 | 客房历史档案 | 工作计划表 | 机器设备档案 |
|---|---|---|---|
| 客房装饰情况表<br>楼层设计图<br>织物样品<br>照片资料<br>客房号码 | 所有客房，甚至公共区域，都应该设有历史档案，包括：有哪些物品、其装修或启用日期、规格特征和历次维修保养记录等 | 在客房部经理办公室应设有一份工作计划表，列上那些需要安排特别工作的房号或区域，如大维修或更换物件、重新装修等 | 机器设备档案应按要求逐项填写，其作用有：说明设备的使用寿命、强调对设备进行保养的重要性、指示使用者何时应计划购买新的设备 |

## 三、设备的保养及更新

### 1. 设备的保养

设备的保养，如图 8-4 所示。

- 设备的保养
  - 客房设备保养
    - 所有客房设备不可随意搬进搬出
    - 所有需要出门维修的物品，即使从客房拿到工程部，都必须经过客房中心记录和填附维修单。同时，要将该处打上维修标志或以备用品补充上去，直至维修好的物品送回原处为止
    - 存放在库房中的备用设备或维修、报废报备都必须抹净、堆齐，并应加盖兜以遮灰挡尘
  - 清洁设备保养
    - 所有员工应该知道何时要用到清洁设备
    - 所有使用人员都应知道如何按照操作要求去使用清洁设备，并将不同的设备以正确的方法用于相应的工作项目中
    - 所有清洁设备在使用后都应进行全面的清洁和必要养护
    - 设备使用前后都应检查其完好状况，发现问题要及时处理
    - 遵循规定的维修保养程序，所有设备应建有保养卡
    - 要有良好的存放条件并按要求摆放
    - 每一种设备都应有其规定的空位置
    - 有供存放所有附件的柜子、抽屉、架子和挂钩等
    - 有可供进行设备清洁保养的工作台、冷热水池和电源插座、灯光照明等

图 8-4　设备的保养

### 2. 设备的更新

清洁设备的更新往往要根据其质量、使用和保养情况决定。客房设备的更新

有所不同，这种更新计划往往有一定的规律。客房设备更新规律，如图 8-5 所示。

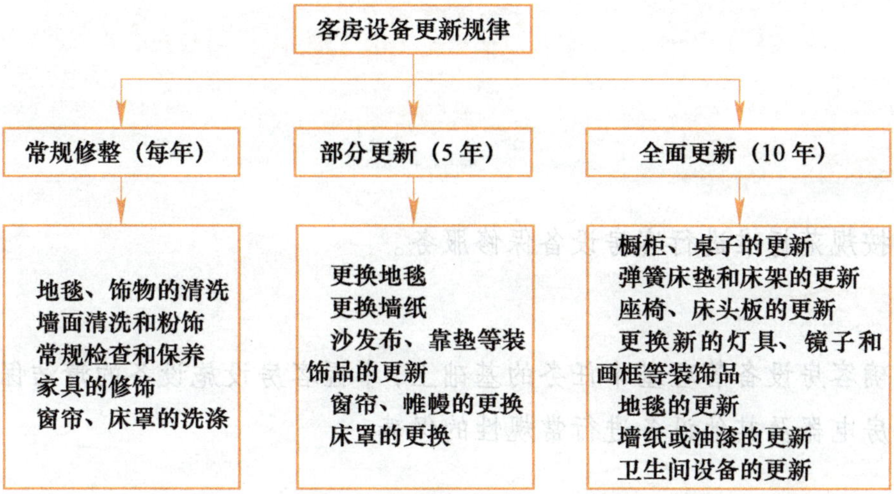


图 8-5　客房设备更新规律

以上所列的计划将根据各酒店的具体情况予以提前或到期进行。

**知识链接**

**一、房间日常维修、保养标准**

（1）日常维修、保养：

1）建立责任制度，实行专人负责。

2）制定保养周期和质量要求。

（2）客房设备的逐级检查：

1）每天客房服务员和领班检查电器设备及家具。

2）主管、经理进行抽查。

3）配合工程部定期对房间设备进行检查。

**二、设施、设备的维修处理**

（1）小维修：

1）客房服务员和领班应具备基本维修知识和技能。

2）设施、设备出现问题后与工程部联系修理。

（2）大维修：

1）服务员发现故障通知领班，领班查实后通知客房部门经理。

2）客房部、前厅部、工程部经理共同检查确认维修项目后封闭房间，不再出租。

3）如有客人在住，及时重新安排维修时间。

# 任务 客房设备保修训练

## 能力点

能够按规范标准进行客房设备保修服务。

## 学习目标

在明确客房设备管理基本任务的基础上，掌握客房设施设备的清洁保养技术，能够对客房电器及其他设备进行常规性的保养。

## 学习准备

**1．物品准备**

客房电器设备（电话、电视等）及报修单。

**2．场地准备**

4间标准客房，能容纳20～30人进行实操训练。

**3．分组安排**

学生每5～8人为一组，在一间标准间中进行练习，一名学生检查设备及解决故障，其他学生观摩并负责计时、打分，轮流练习。

**4．技能训练建议学时**

2学时。

## 技能训练

（1）接到客人报修，及时去房间查看。

（2）检查客人提出的故障。

（3）为客人解说设备的正确使用方法。

（4）填写客房设备报修单，见表8-3。

（5）与工程部联系。

（6）陪同工程部人员进房间检查、修理设备。

（7）修理完毕后征求客人意见。

（8）退出房间。

**表 8-3　客房设备报修单**

报修日期：　　　　　　　　　　　　　时间：

地　点：

请修理：

1.

2.

部门：__________　部门主管：__________　报修人：__________

---

工程部填写：

维修日期：　　　　　　　　　　　　　时间：

备注 / 材料：

审　查　人：　　　　　　　　　　　　此项工作已完成（Yes）

　　　　　　　　　　　　　　　　　　此项工作未完成（No）

审查日期：　　　　　　　　　　　　　审查时间：

　　　　　　　　　　　　　　　　　　当值工程师签字：

---

客房设备保修工作流程，如图 8-6 所示。

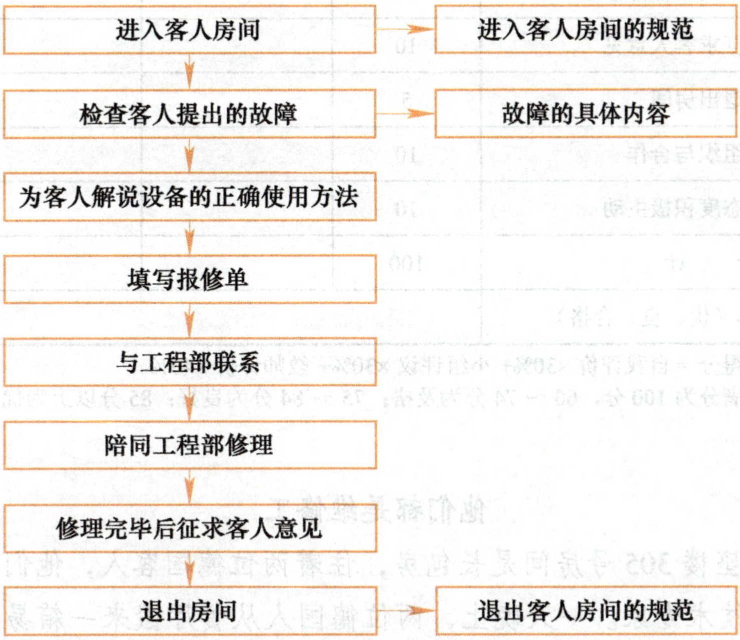


图 8-6　客房设备保修工作流程

## 技能训练注意事项

1．客房服务员要认真检查准备报修的设备。

2．准确核实报修的内容。

3．认真、准确地填写报修单。

## 学习评价

客房设备保修训练评价表，见表8-4。

**表8-4 客房设备保修训练评价表**

| | | | | | |
|---|---|---|---|---|---|
| 被考评人 | | | | | |
| 考评内容 | 客房设备保修训练 | | | | |
| 考评标准 | 内　容 | 分值/分 | 自我评价/分 | 小组评议/分 | 教师评价/分 |
| | 进入房间 | 5 | | | |
| | 检查故障 | 15 | | | |
| | 解说设备正确使用方法 | 10 | | | |
| | 填写报修单 | 15 | | | |
| | 与工程部联系 | 10 | | | |
| | 陪同工程部修理 | 10 | | | |
| | 征求客人意见 | 10 | | | |
| | 退出房间 | 5 | | | |
| | 组织与合作 | 10 | | | |
| | 态度积极主动 | 10 | | | |
| 合　计 | | 100 | | | |
| 综合职业素养（优、良、合格） | | | | | |

注：1．实际得分 = 自我评价 ×30%+ 小组评议 ×30%+ 教师评价 ×40%。
　　2．考评满分为100分，60～74分为及格；75～84分为良好；85分以上为优秀（包括85分）。

**实践·案例**

### 他们都是维修工

某酒店B座楼305号房间是长包房，住着两位德国客人，他们是一家合资企业的德方工程技术专家。一天晚上，两位德国人从餐厅搬来一箱易拉罐啤酒及几个冷盘，各人坐在自己的床沿上，靠着电控柜兴致十足地对饮起来。突然，整个房间的电灯熄灭了，一团漆黑。原来是他们喝酒时不小心打翻了一罐啤酒，酒水倒在电控柜台面上，顺着缝隙流进柜内，造成了短路。此时，两位客人尚未喝醉，连忙摸到门口，打开房门，用略显生硬的汉语大声呼叫服务员。

当班服务员小余闻讯赶来，得知305号房间发生断电事故，当即安慰德国客人，请他们放心，他一定设法尽快修复，并嘱咐客人一定要远离电源。小余马上跑到办公室向客房部值班经理和主管报告了刚才的意外事故。经理和主管二话没说，打开旁边的一只工具箱。这只“百宝箱”里装满了各种工具、用品及零配件，几乎应有尽有，拿着相应的工具赶到305号房间现场。

只见他们打着手电筒，熟练而迅速地拆下电控柜侧面的盖板，用干布、卫生纸把柜内的水分吸干，再从外面楼层引进电源接通电吹风，对准受潮处使劲猛吹，只用了5min就吹干了，刹那间房间里一片光明。

“哦！”两位德国客人禁不住欢呼起来，连声道谢，并竖起大拇指一个劲儿称赞。

评析：设备的维修工作一般是由工程部负责的，但在紧急情况下经理和主管要能够超常规地解决问题。客房工作人员也应该掌握一些相关技能操作，通过小小的“技术革新”解决难题，方便客人，提高顾客满意度。

思考与启示：住客房间出现故障，妨碍了客人正常的生活，服务员应该怎么办？

答：要及时安慰客人并通报工程部维修，尽量在最短的时间内解决。在维修的过程中服务员要一直在房间等候，直到修好并为客人把房间整理好，征求客人意见后退出房间。

# 项目九

# 客房安全管理训练

客房部是体现酒店管理水平、服务质量和获得盈利的重要部门之一。客房安全是客人最关心的问题，它直接关系到酒店的声誉和形象。因此，客房安全管理是酒店，特别是客房管理的重要内容之一。

## 理论知识

### 一、客房安全管理概述

#### （一）客房安全

客房安全是全方位的。第一是客人安全，主要包括客人在客房范围内人身、财产和正当权益不受侵害，客人住店期间在精神上和心理上不受伤害。第二是员工安全，主要包括员工的人身和财产安全，以及员工的职业与健康安全。第三是客房安全，主要指客房区域处于没有危险的状态以及对潜在危险因素的排除。

#### （二）客房安全管理的任务

**1. 制订安全工作计划，确定安全管理制度**

（1）制订安全工作计划：安全计划包括客人安全计划、员工安全计划和客房财产安全计划。客人安全计划指在合理范围内使客人免遭人身伤害和财物损失，包括入口控制、电梯控制、客房走道安全和客房安全，以及客人失物处理和行李保管等。员工安全计划指酒店有责任保障员工在工作岗位的安全，主要包括员工安全工作守则、劳动保护措施、保护员工的个人财物的安全和保护员工免受外来的侵袭等。客房财产安全计划指防火、防盗和防抢劫等，要制定周密的政策、方法和措施来加以控制。

（2）确定安全管理制度：客房安全工作应从上至下建立一套行之有效的安全管理制度，明确管理者的责任。例如，客人住宿验证登记制度、房门钥匙管理制度、访客制度、情况报告制度、交接班制度、防火安全制度、员工安全培训与考核制度和奖惩制度等。

**2. 落实安全责任制**

首先，酒店客房管理人员及员工要有安全保密的意识，不得与外人谈及或透露安全预防措施的实情，还要保守客人的秘密，不要将客人的情况透露给他人。其次，管理人员身体力行、热情支持和全力执行安全条例制度。再次，员工之间、部门之间在各司其职的基础上，应相互配合，形成紧密联系的安全工作网络。

### 3. 提高客人安全意识

每个酒店的工作人员都应为客人提供舒适、安全的环境，要在工作中委婉地、适当地提醒客人要小心谨慎，随时锁门并遵守酒店的安全条例。可以制作桌卡提醒客人一些常见的安全预防措施，并提供客人在需要帮助或紧急求助时可以随时拨打的保安电话号码等。

### 4. 制订危机管理计划

所谓危机管理，就是在出现突发事件的情况下，管理人员和员工所应采取的应对措施及工作程序。要对员工进行良好的训练，增强员工的信心，以应对各类突发事件。

## （三）客房安全设备配备

客房安全设备有电视监控系统（见图9-1）、安全报警装置、报警器、灭火器（见图9-2）和电子门锁（见图9-3）等。客房安全设备器材一览表，见表9-1。

图9-1　电视监控系统

图9-2　灭火器

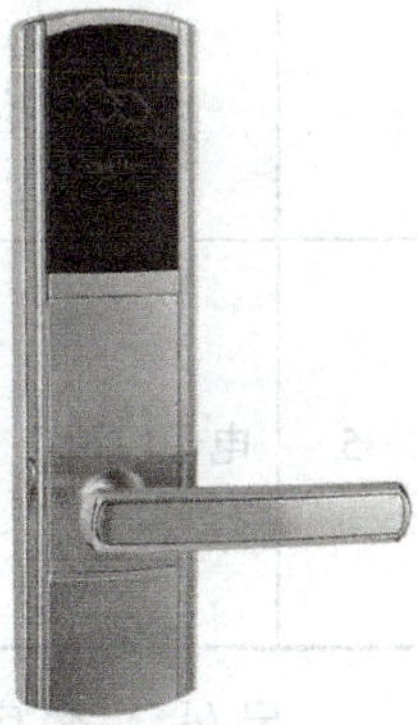

图9-3　电子门锁

表9-1　客房安全设备器材一览表

| 序号 | 名　称 | 种　类 | 配置地点 | 功　能 |
|---|---|---|---|---|
| 1 | 电视监控系统 | | 客用电梯、楼层过道 | 由摄像机、录像机、手动图像切换和电视屏幕等组成，在酒店各个要害、敏感部位安装摄像镜头，见证这些场所的活动，从中发现可疑人物或不正常的现象，以采取措施 |
| 2 | 安全报警装置 | 微波报警器、被动红外线报警器、助动红外线报警器 | 客房楼层、消防通道 | 在酒店重要部位配置安全报警装置，一旦发生盗窃、爆炸、抢劫，报警信号会立刻在安全控制中心显示 |

（续）

| 序号 | 名　称 | 种　类 | 配置地点 | 功　能 |
|---|---|---|---|---|
| 3 | 报警器 | 手动报警器、手压报警器 | 客房楼层、每层楼的进口处或楼层服务台附近的墙面 | 发现火灾时，应立即打开玻璃压盖或打碎玻璃，使触点弹出报警 |
| | | 烟感器 | 客房楼层、客房 | 当楼层或客房内的浓烟达到一定程度时，烟感器的红灯闪亮，表明已报警<br>火警总控制室控制板上显示报警区域和第一次报警信号 8min 内未消除信号，显示板显示第二次报警信号 |
| | | 热感器 | 客房楼层、客房 | 当火灾温度上升到热感器的动作温度时，热感器的一弹片自动脱落形成回路，引起报警 |
| 4 | 灭火器 | 花洒自动喷水系统 | 客房楼层、客房公共场所 | 当室内的温度达到花洒的启动温度（一般可选择启动温度为 57.2 ～ 79.4℃）时，便引起花洒器内水银球的剧烈膨胀以致爆裂，被球支撑的密封喷水口开放，水便喷到溅水盘上开始均匀洒水，适用于木头、纸起火 |
| | | 二氧化碳、干化学剂灭火系统 | 客房楼层、仓库、洗衣房 | 二氧化碳能使起火地点的含氧量降低到不能再维持燃烧的程度，达到扑灭火灾的目的；干化学剂能有效扑灭油脂类易燃液体的起火。这两类灭火器适用于易燃液体和电起火 |
| 5 | 电子门锁 | | 客房 | 新型电子门锁系统的核心是安装在房门中的微处理器。它可以单独使用，也可将酒店所有房门中的微处理器连接到一台主机上，形成集中统一的门锁系统。开门时用一种内置有密码的磁卡，只需将磁卡插入门上的磁卡阅读器，若两密码符合即可将门打开，反之则不能打开 |

另外，客房内所有电器及家具设备的安装要确保安全。采购时要考虑设备的安全性能，房门、地毯和窗帘等应具有阻燃性，浴缸要有防滑措施，侧墙上拉手要安装牢固等。

## 二、客房钥匙

### 1．钥匙的种类

（1）工作钥匙：工作钥匙是客房服务员在进行清扫工作时用的专用钥匙，专门开启所辖区域内的房间。

（2）客用钥匙：客用钥匙仅供客人住店期间使用，只能开启入住房间的门，一般放在前台。设有楼层服务台的酒店，客用钥匙由服务台管理。一般磁卡钥匙由前台发放，客人自带。

（3）楼层万能钥匙：楼层万能钥匙是指能打开一层楼所有房间的钥匙。设有楼层服务台的酒店，楼层万能钥匙由服务台管理；没有楼层服务台的，由楼层领班保管。

（4）客房万能钥匙：专供客房部正、副经理和维修部门使用，可以开启客房部管辖的各层客房及公共区域所有的房门。

（5）紧急钥匙：这是一种能打开反锁房间的钥匙。一般由保卫部负责管理。

（6）酒店万能钥匙：现代酒店所有客房门锁可以用一把特制的万能钥匙开启，这就是酒店万能钥匙。通常，酒店万能钥匙有3把，分别由总经理、值班副总经理和客房部经理保管。

## 2．客房钥匙的管理方式

客房钥匙的管理方式，见表9-2。

表9-2　客房钥匙的管理方式

| 管理方式 | 优　点 | 缺　点 |
| --- | --- | --- |
| 前台发放磁卡钥匙，直接交给客人使用 | 客人自己携带保管<br>科技含量高<br>安全性很高 | 不宜长期使用<br>设备前期投入很大 |
| 前台问讯处收发钥匙 | 专人负责，方便客人使用<br>减轻客房服务员的工作量 | 安全性很差 |
| 设楼层服务台，由客房服务员发放 | 便于客房清扫服务<br>安全性很高 | 劳动力成本高<br>管理有难度 |
| 楼层值台服务员直接为客人开门 | 易控制钥匙<br>安全性很高 | 客人感到不便<br>工作效率低 |

## 3．客房钥匙管理制度

（1）楼层领班和清扫员上班领取钥匙时，必须履行签字手续，工作完毕将钥匙及时交回，对钥匙进行检查、签字，放入钥匙架内。

（2）清扫员要随身携带钥匙，不得放在其他地方。

（3）禁止随便使用通用门钥匙为陌生人开启房门，更不能转交他人使用或保管。

（4）如果其他部门员工需要进入客房工作，服务员必须陪同进房，直到工作完成方可离开。

（5）发现客房门锁留有钥匙，应立即告之客人将钥匙收回，如房内无人，要将钥匙交领班处理，并做好登记。

（6）若客人离店，将钥匙留在房内，客房服务员要将钥匙放在明显处，领班查房时取出交前台。

（7）钥匙不可放在工作车上，以防被他人取走。

（8）若发现钥匙出现裂痕或折断，客房部经理需将残破钥匙交有关部门经理认定，方可再配制新钥匙。

（9）如楼层总钥匙丢失，该楼层所有房门锁必须全部更换。遗失钥匙的员工，必须接受保卫部门的调查。

（10）客人将钥匙丢失，让客房服务员打开房间门，要及时向上级汇报。

（11）楼层服务台管理钥匙，值班员不准脱岗，主动为客人接递钥匙，不准让客人自取。

（12）如所有的备用钥匙拴在一起，不准把备用钥匙交给客人，让其自行开门。

（13）客人外出留在房间的房门钥匙，服务台要收藏起来，妥善保管。

（14）楼层储藏室的钥匙不准交给客人使用，防止其进入随意拿取物品。

（15）楼层安全出口的钥匙，要放在固定位置，并让本楼所有员工都知道，以便紧急情况时使用。

## 三、客房防火

### 1．客房发生火灾的原因

客房起火主要是由于用火不慎、工作粗心而造成的。常见的原因有以下几方面。

（1）客人吸烟点火不慎，乱扔未熄灭的烟头和火柴梗。

（2）客人酒醉后玩火或吸烟。

（3）客人将易燃易爆物品带入客房。

（4）客人在房间内使用电器设备不当，或违反酒店规定，无限度增加用电设备，使电线超负荷发生短路。

（5）客房内电器设备或电线发生老化，造成短路。

（6）不按安全操作程序作业，在客房内明火作业，使用化学涂料、油漆等，没有采取防火措施。

（7）客房服务员不经检查，将未熄灭的烟头倒入垃圾袋或吸尘器内。

（8）楼层库房易燃物品管理不善。

（9）工作人员在仓库内吸烟。

（10）酒店建筑内死角的垃圾清理不及时，如楼梯和电梯底部积聚垃圾易造成火灾。

（11）不法分子故意纵火。

**2．预防火灾的要求**

（1）在楼层客房区域内要配备客房防火设备设施。地毯、家具等都应选用具有阻燃性能的材料制作。

（2）客房服务员在整理客房卫生时，应注意检查安全隐患，加强对宾客的防火宣传。房内《安全须知》应说明防火要点以及需客人配合的具体要求。

（3）安全通道不准堆放任何物品，不准锁闭，保证通道畅通。

（4）配合保卫部定期检查防火、灭火装置，训练客房部员工熟练掌握灭火设备的使用方法和操作技能。

（5）除指定的吸烟地点外，其他场所一律不准吸烟。

（6）客房内有紧急疏散图和防火标志，告知客人发生火灾时的行走路线。

（7）不要在垃圾道、管道间、浴室和厕所内焚烧废纸等杂物。

（8）确保电梯口、走廊等公共场所有足够的照明亮度，安全出口要24h有红色照明指示灯，安全门要保障通畅无阻。

（9）制订发生火灾时的应急疏散计划和程序。

**3．灭火方法**

（1）隔离法，即将可燃物质移开，使燃烧停止。

（2）窒息法，即阻止空气流入燃烧区，切断燃烧物的给氧，使燃烧停止。

（3）冷却法，即将水和灭火物质直接喷射到燃烧物上，使温度降到燃点以下，使燃烧停止。

（4）抑制法，即使用化学灭火剂抑制燃烧，使燃烧停止。

**4．防火要求**

（1）“三懂”：懂得本岗位发生火灾的危险性，懂得怎样预防火灾以及预防措施，懂得灭火方法。

（2）“四会”：会报警，会使用消防器材，会扑救初起火灾，会疏导宾客。

**知识链接**

**紧急疏散方案**

您的安全对我们是最重要的，请花1min读完下面的安全建议。

请您一定要熟悉放置在写字台上的《旅客须知》内的紧急疏散方案。

熟悉您客房内窗户的位置。

请将您的钥匙放在容易找到的位置，离开房间时要随身携带，因为烟火阻碍您的出路时，您可能需要钥匙回到房间。

当起火或有紧急情况时请按如下程序行动。

（1）找到您的房间钥匙并随身携带。

（2）在开门时试一试客房门是否烫手。

（3）到达最近的可用的出口楼梯，并立即下到底楼，注意不要使用电梯。

（4）如您不能平安到达出口处，应回到您的房间，立即拨“0”通知话务员。

（5）等待援助时，按您的最佳判断来确定窗户位置。

（6）放置一条湿毛巾在客房门底部。

（7）设法吸引楼房外面的人们的注意力。

## 四、客房防盗

### 1. 偷盗类型

（1）外部偷盗：社会上的不法分子乔装成住店客人，或装成客人的朋友，或装成有关工作人员混入客房，盗取客人及酒店的财物。

（2）内部偷盗：酒店员工利用工作之便盗取客人及酒店的财物，这种类型的盗窃在整个偷盗事件中占有很大比例。在酒店内部，客房部员工有更多的机会接触客人及酒店的财物。一般来说，如果发生失窃事件，应先从内部入手进行侦破查找。

（3）旅客自盗：相识或不相识的客人同住一屋，其中一位利用这种地利与人和的方便，伺机窃取另一位客人的财物。这种情况虽少，却时有发生。要提醒客人提高警惕，保管好自己的财物。

（4）内外勾结：一般是由酒店内部员工向社会上的同伙提供情报及各种方便，由其同伙作案、销赃。这种作案手段高明，容易成功，给酒店造成较大威胁。

### 2. 防盗措施

（1）客房服务员必须坚守岗位，掌握客人的特征及出入情况。非住店客人不得擅自进入楼层。

（2）客房服务员要为客人保守秘密，防止盗窃者了解客人情况后进行盗窃活动，发现可疑情况要立即报告。

（3）加强对员工的教育，开展反偷盗知识培训。

（4）客房清扫要严格执行清扫表格的登记制度，清扫过程中要提高警惕，不给盗窃者以可乘之机。

（5）制订并实施钥匙管理制度，加强钥匙的管理。

（6）严守秘密，管好服务台存有的物品、资料等，对客人的隐私注意不要泄露。

（7）定期检查存物柜。

（8）建立财产清算管理制度，定期进行有形资产清算，并将结果公之于众。

（9）处理垃圾时需要特别谨慎，因为垃圾里可能藏有违禁品。

**3．失物处理规定**

（1）发现客人的遗忘物品，要及时送交客人，若客人已经离开酒店，要通过客人资料中的联系方式尽快与客人取得联系。

（2）无法交还客人的物品通常要详细填写宾客遗留物品登记表（见表 9-3），交服务中心统一管理。

**表 9-3　宾客遗留物品登记表**

编号：　　　　　　　　　　　　　　　　　　　　　　　经手人：

| 日　期 | 拾物地点 | 服务员 | 部　门 |
|---|---|---|---|
| | | | |

遗留物品描述：

| 领物人姓名 | 国　籍 | 证　件 | 时　间 |
|---|---|---|---|
| | | | |

（3）凡是交还接待单位的遗失物品，要办理交还签字手续。

（4）认真记录物品的名称、数量和房号等信息，以及捡拾者的姓名。

（5）凡是客人遗留物品均应妥善保管，不准扔弃或损坏。

（6）客人遗留物品不准私分和留用，违者一经发现，严肃处理。

（7）一般物品整理好后，放入收存遗留物品的专用口袋，将口封好，并在口袋上注明日期。

（8）宾客委托他人代取遗留物品时须验明代取者的证件，核对与宾客留言是否相符，且由领取人在遗留物品登记本上签字，待核实无误后再转交。

（9）如果客人遗留物品经多方寻找仍无下落，应立即向经理汇报。

（10）如果客人的失物保存到酒店的规定期限仍无人认领，酒店可按有关规定处理。

（11）按照我国规定，遗留物品保管期限一般为3个月。按国际惯例，宾客的遗留物品保管期限一般为1年，贵重物品可以延长半年。

**知识链接**

**遗留物品的分类**

（1）贵重物品：珠宝首饰；手机、相机、笔记本电脑、手表及仪器等；所有外国货币和人民币现金；信用卡或支票；工作证或身份证等。

（2）非贵重物品：眼镜、钥匙、日常用品、已开启的食物、药物和杂物等。

# 任务一　钥匙的领取、使用与管理

## 能力点

能够按规范标准进行钥匙的领取、使用与管理。

## 学习目标

了解和熟练掌握楼层钥匙的领取、使用方法及管理方法。

## 学习准备

**1．物品准备**

（1）客房服务中心钥匙管理单4份。

（2）钥匙10把。

**2．场地准备**

模拟客房办公室一间，4间标准客房，能容纳20～30人进行实操训练。

**3．分组安排**

学生每5～8人为一组，一名学生在客房办公室中进行领取练习，在标准客房进行使用，其他学生观摩并负责打分，轮流练习。

**4．技能训练建议学时**

2学时。

## 技能训练

### 1. 编码

将所有的万能钥匙和客房钥匙编码。

### 2. 发放钥匙

填写客房钥匙管理单（见表 9-4），确保钥匙发放时正确记录相关信息。

表 9-4　客房钥匙管理单

发放人：　　　　　　核对人：　　　　　　日期：
Out Signature　　　　In Signature　　　　Date

| 区域<br>Section | 领取时间<br>Out Time | 领用人<br>Signature | 总数<br>Amount | 交回时间<br>In Time | 签收人<br>Signature | 总数<br>Amount |
|---|---|---|---|---|---|---|
| 10/F | | | | | | |
| 11/F | | | | | | |
| 12/F | | | | | | |
| 13/F | | | | | | |
| 14/F | | | | | | |
| 15/F | | | | | | |
| 16/F | | | | | | |
| 17/F | | | | | | |
| 18/F | | | | | | |
| 19/F | | | | | | |
| 20/F | | | | | | |
| 制服房<br>UNIFORM RM. | | | | | | |
| 洗衣房<br>LAUNDRY | | | | | | |
| 客房仓库<br>HK．STORE RM. | | | | | | |
| PA 仓库<br>PA．STORE RM. | | | | | | |

### 3. 钥匙的使用与保管

客房服务员随身携带钥匙，钥匙不可遗弃在工作车或客房内，不能将钥匙借给他人使用。

#### 4. 交还钥匙

将上交的钥匙与钥匙记录相对照，核对编码。填写相关信息，包括钥匙上交时间、上交钥匙的员工姓名和接受钥匙者的姓名。

#### 5. 钥匙保管

白天万能钥匙及保险柜钥匙应由客房部经理本人保管。

晚上将钥匙存放在客房部办公室或总台的客房部保险柜中。

客房钥匙控制流程，如图 9-4 所示。

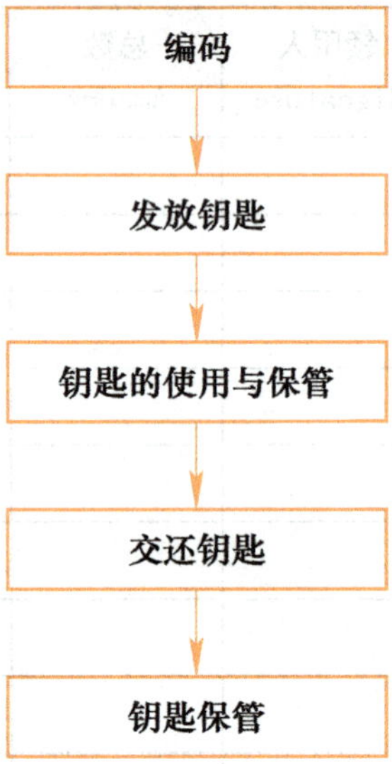


图 9-4　客房钥匙控制流程

### 技能训练注意事项

1. 客房服务员必须随身携带钥匙。
2. 清扫的房间要逐一开启。
3. 领班和客房服务员要自己领还钥匙。
4. 不能用备用钥匙随便为客人开门。
5. 备用钥匙不能随便乱放。
6. 员工禁止将工作钥匙带出酒店。

## 学习评价

客房钥匙控制训练评价表，见表 9-5。

表 9-5　客房钥匙控制训练评价表

| 被考评人 | | | | | |
|---|---|---|---|---|---|
| 考评内容 | 客房钥匙控制训练 | | | | |
| 考评标准 | 内　容 | 分值 / 分 | 自我评价 / 分 | 小组评议 / 分 | 教师评价 / 分 |
| | 编码 | 10 | | | |
| | 发放钥匙 | 15 | | | |
| | 钥匙的使用与保管 | 30 | | | |
| | 交还钥匙 | 15 | | | |
| | 钥匙保管 | 10 | | | |
| | 组织与合作 | 10 | | | |
| | 态度积极主动 | 10 | | | |
| 合　计 | | 100 | | | |
| 综合职业素养（优、良、合格） | | | | | |

注：1．实际得分 = 自我评价 ×30%+ 小组评议 ×30%+ 教师评价 ×40%。
2．考评满分为 100 分，60 ～ 74 分为及格；75 ～ 84 分为良好；85 分以上为优秀（包括 85 分）。

# 任务二　防火工作训练

## 防火工作训练 1—— 灭火器使用训练

### 能力点

能够按规范标准使用灭火器。

### 学习目标

熟练掌握使用各类灭火器完成火灾急救任务的技能。

### 学习准备

**1．物品准备**

5 个不同类型的灭火器。

**2．场地准备**

教学楼前方空地，能容纳 20 ～ 30 人进行实操训练。

**3．分组安排**

学生每 5 ～ 6 人为一组，一名学生模拟客房服务员使用灭火器灭火，其他同学观摩、打分，轮流练习。

4．技能训练建议学时

2 学时。

## 技能训练

### 1．选择合适的灭火器

根据火灾的起因，选择正确的灭火器。

### 2．正确使用灭火器

能够正确使用灭火器进行灭火，灭火器的使用见表 9-6。

### 3．灭火彻底

将火彻底扑灭，并进行检查，以防复燃。

表 9-6　灭火器的使用

| 类　别 | 适 用 范 围 | 操作使用方法 |
|---|---|---|
| 酸碱灭火器 | 扑灭一般固体火灾 | 将灭火器倒置<br>将水与气喷向燃烧物 |
| 泡沫灭火器 | 用于油类和可燃固体物质及可燃液体初起火灾 | 将灭火器倒置<br>将泡沫液体喷向火源 |
| 二氧化碳灭火器 | 用于低压电器火灾和贵重物品、易燃液体和可燃液体的灭火 | 拔去保险锁或铝封<br>压手柄或开阀门<br>对准燃烧物由外圈向中间喷射 |
| 干粉灭火器 | 同二氧化碳灭火，但不适用于贵重物品的灭火 | 拔去保险锁<br>打开阀门<br>将干粉喷向燃烧物 |
| 卤代烷灭火器<br>1211、1202 等 | 以上均可，特别适用于精密仪器、电器设备、档案资料的灭火 | 拔去保险锁<br>打开阀门<br>对准燃烧物喷射 |

灭火器使用流程，如图 9-5 所示。

图 9-5　灭火器使用流程

**技能训练注意事项**

1．发生火灾时客房服务员要有高度的责任心，沉着冷静，机智果断。

2．注意使用泡沫灭火器不要将桶盖、桶底对着人体，以防发生爆炸。

3．注意保护客人人身及财物的安全。

## 学习评价

灭火器使用训练评价表，见表 9-7。

表 9-7　灭火器使用训练评价表

| 被考评人 | | | | | |
|---|---|---|---|---|---|
| 考评内容 | 灭火器使用训练 | | | | |
| 考评标准 | 内　容 | 分值 / 分 | 自我评价 / 分 | 小组评议 / 分 | 教师评价 / 分 |
| | 选择合适的灭火器 | 20 | | | |
| | 正确使用灭火器 | 40 | | | |
| | 灭火彻底 | 20 | | | |
| | 组织与合作 | 10 | | | |
| | 态度积极主动 | 10 | | | |
| 合　计 | | 100 | | | |
| 综合职业素养（优、良、合格） | | | | | |

注：1．实际得分 = 自我评价 ×30%+ 小组评议 ×30%+ 教师评价 ×40%。

2．考评满分为 100 分，60 ～ 74 分为及格；75 ～ 84 分为良好；85 分以上为优秀（包括 85 分）。

## 防火工作训练 2—— 客房发生火灾的应急训练

### 能力点

能够按预案进行火灾应急处置。

### 学习目标

熟练掌握火灾通报和扑救工作，能迅速地完成火灾的急救任务。

### 学习准备

**1．物品准备**

灭火器 4 个，应急灯 4 个，手电筒 4 个。

**2．场地准备**

4 间标准客房及客房楼层，能容纳 20 ～ 30 人进行实操训练。

3．分组安排

学生每5～8人为一组，在一间标准间中进行练习，一名学生模拟客房服务员发现火情，处理、扑救，一名学生模拟酒店消防中心成员，其他学生模拟客人，轮流操作练习。

4．技能训练建议学时

1学时。

## 技能训练

1．发现火源

报警器发出火警信号时，停止手中一切工作，查明火源；听到报警信号，闻到烟味，应立即查找火源；根据平时掌握的住客情况，有针对性地查找火源；发现火源后，要迅速查清失火的燃烧物。

2．及时报警

首先向酒店消防中心报警，同时向客人通报，顺序为：起火楼层、向上一层、上面其他楼层、起火层下面楼层。报警时要报清：名称、地址、着火部位、火源、火势、报警人姓名和电话。派相关人员引导消防车到来。

3．及时扑救

如果火源燃烧面积较小，可以用水桶、灭火器材、消防栓等扑救。同时还要注意客人人身和财产的安全。

4．疏导宾客

（1）迅速打开紧急出口和安全梯，保持安全通畅。

（2）切断电源，关闭电梯。

（3）各楼层、疏散通道口安排疏导人员，用应急灯和手电筒照明，引导撤离。

（4）逐一检查每一间客房内是否还有客人。

（5）工作人员撤离现场。

5．保护现场

专人保护现场，一切无关人员不得入内。

客房发生火灾的应急流程，如图9-6所示。

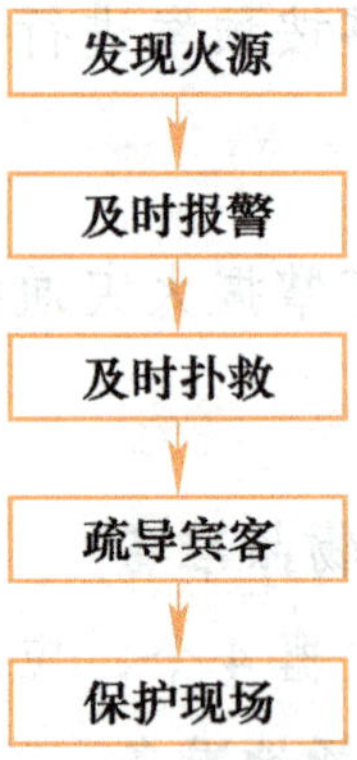


图9-6　客房发生火灾的应急流程

## 技能训练注意事项

1. 发生火灾时客房服务员要有高度的责任心，沉着冷静，机智果断。

2. 要及时清理楼层地面和客房内的易燃物品。

3. 听到报警信号，应立即查实是否发生在本区域。

4. 疏散时应从太平门、安全通道撤离，客人离房后立即关好门并做记号。

5. 注意保护客人人身及财物的安全。

6. 火灾发生后，要注意检查每一个房间是否还有客人。

7. 除指定人员外，任何人不得与总机联系，全部电话必须畅通无阻，仅供发布火警时紧急指示使用。

# 学习评价

客房发生火灾的应急训练评价表，见表 9-8。

表 9-8 客房发生火灾的应急训练评价表

| 被考评人 | 客房发生火灾的应急训练 | | | | |
|---|---|---|---|---|---|
| 考评内容 | 客房发生火灾的应急训练 | | | | |
| 考评标准 | 内　　容 | 分值 / 分 | 自我评价 / 分 | 小组评议 / 分 | 教师评价 / 分 |
| | 发现火源 | 10 | | | |
| | 及时报警 | 10 | | | |
| | 及时扑救 | 30 | | | |
| | 疏导宾客 | 20 | | | |
| | 保护现场 | 10 | | | |
| | 组织与合作 | 10 | | | |
| | 态度积极主动 | 10 | | | |
| 合　　计 | | 100 | | | |
| 综合职业素养（优、良、合格） | | | | | |

注：1. 实际得分 = 自我评价 ×30%+ 小组评议 ×30%+ 教师评价 ×40%。

2. 考评满分为 100 分，60 ～ 74 分为及格；75 ～ 84 分为良好；85 分以上为优秀（包括 85 分）。

# 任务三　防盗工作训练

## 防盗工作训练1——客人丢失现金和物品

### 能力点

能够妥善处理客人丢失现金和物品。

### 学习目标

熟练掌握宾客丢失现金和物品后的处理方法，提高防盗意识。

### 学习准备

**1．物品准备**

（1）模拟现金和衣物。

（2）记录用纸笔。

**2．场地准备**

4间标准客房，能容纳20～30人进行实操训练。

**3．分组安排**

学生每5～8人为一组，在一间标准间中进行练习，一名学生模拟客人，一名学生模拟客房服务员，其他学生观摩并负责打分，轮流练习。

**4．技能训练建议学时**

1学时。

## 技能训练

**1．接受客人报失**

客人在客房丢失物品时，一般要向客房部报失。

**2．立即上报**

了解事情经过及损失程度，安慰客人并记录事件发生的地点和丢失物品，由经理和大堂副经理与保安部取得联系，共同处理。

**3．了解情况**

了解客人的国籍、身份、来店时间、预期离店时间、报案时间、同行人数及所住房间号；了解被盗物品的外观、辨认特征及失物价值；了解客人发现被盗的时间、客人是否有线索和怀疑等；安慰客人，听取客人对丢失物品的详细说明，并记录。

**4. 查访和找寻**

带领客人到现场，帮助客人回忆丢失物品的前后经过，分析是否丢失，并帮助找寻。

**5. 征询是否报案**

如果没有找到丢失物品，要征求客人意见是否报案。

**6. 材料整理**

记录事件的整个过程，做好材料的整理和存档工作。

客人丢失现金和物品的处理流程，如图 9-7 所示。

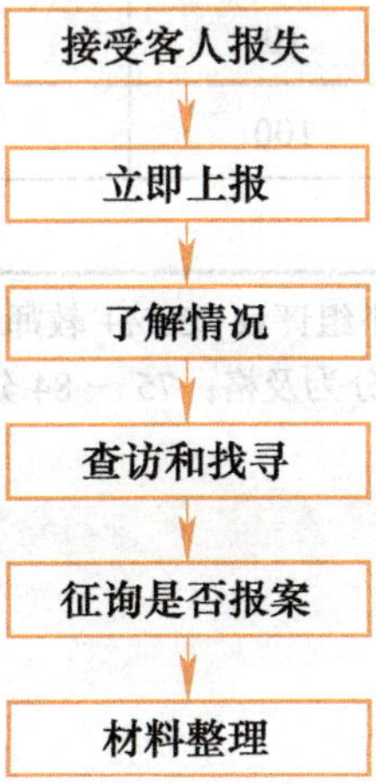


图 9-7　客人丢失现金和物品的处理流程

**技能训练注意事项**

1. 如果客人物品确实被盗，在报公安部门之前，需征得酒店有关部门同意，由保安部负责。

2. 假若被盗财物涉及某一服务员，在未掌握确凿事实之前，管理人员不可妄下结论。

3. 客人有时会报假案，要注意分析、辨明。

## 学习评价

客人丢失现金和物品的处理训练评价表，见表 9-9。

**表 9-9 客人丢失现金和物品的处理训练评价表**

| 被考评人 | | | | | |
|---|---|---|---|---|---|
| 考评内容 | 客人丢失现金和物品的处理训练 | | | | |
| 考评标准 | 内 容 | 分值 / 分 | 自我评价 / 分 | 小组评议 / 分 | 教师评价 / 分 |
| | 接受客人报失 | 5 | | | |
| | 立即上报 | 10 | | | |
| | 了解情况 | 30 | | | |
| | 查访和找寻 | 20 | | | |
| | 征询是否报案 | 5 | | | |
| | 材料整理 | 10 | | | |
| | 组织与合作 | 10 | | | |
| | 态度积极主动 | 10 | | | |
| 合 计 | | 100 | | | |
| 综合职业素养（优、良、合格） | | | | | |

注：1．实际得分 = 自我评价 ×30%+ 小组评议 ×30%+ 教师评价 ×40%。

2．考评满分为 100 分，60 ～ 74 分为及格；75 ～ 84 分为良好；85 分以上为优秀（包括 85 分）。

## 防盗工作训练 2—— 客人拿走房内物品

### 能力点

能够妥善处理房内物品丢失。

### 学习目标

熟练掌握客人拿走房内物品的处理方法，提高防盗意识。

### 学习准备

**1．物品准备**

（1）客用服务指南 4 份或其他房内物品。

（2）记录用纸笔。

**2．场地准备**

4 间标准客房，能容纳 20 ～ 30 人进行实操训练。

**3．分组安排**

学生每 5 ～ 8 人为一组，在一间标准间中进行练习，一名学生模拟客人，一名学生模拟客房服务员，其他学生观摩并负责打分，轮流练习。

4．技能训练建议学时

1 学时。

## 技能训练

1．及时发现

客房服务员在查房时要认真仔细，及时准确地发现短缺的客房物品（服务指南或其他房内物品）。

2．联系上报

与前台取得联系，争取前台的协助，上报上级领导。

3．恰当处理

尽量向客人解释清楚，语言温和，婉转询问。如果客人误拿物品，要婉转告诉客人客房规定，使客人自觉退还。如果客人有意拿走物品，通常可以征得有关部门同意，视物品价值再加上 30% 的管理费，为客人办理离店手续时，用一份同样价值的物品换回客人拿走的那一物品。

客人拿走房内物品处理流程，如图 9-8 所示。

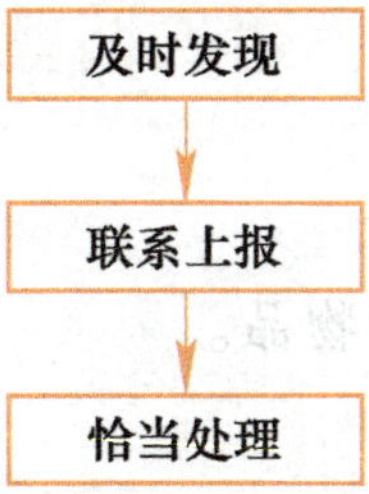


图 9-8　客人拿走房内物品处理流程

**技能训练注意事项**

1．客房服务员要向客人介绍酒店的有关规定。

2．注意询问客人时语气要婉转，不要让客人感觉到是在偷酒店的东西。

## 学习评价

客人拿走房内物品的处理训练评价表，见表 9-10。

表 9-10　客人拿走房内物品的处理训练评价表

| | | | | | |
|---|---|---|---|---|---|
| 被考评人 | | | | | |
| 考评内容 | 客人拿走房内物品的处理训练 | | | | |
| 考评标准 | 内　容 | 分值 / 分 | 自我评价 / 分 | 小组评议 / 分 | 教师评价 / 分 |
| | 及时发现 | 10 | | | |
| | 联系上报 | 10 | | | |
| | 恰当处理 | 60 | | | |
| | 组织与合作 | 10 | | | |
| | 态度积极主动 | 10 | | | |
| 合　计 | | 100 | | | |
| 综合职业素养（优、良、合格） | | | | | |

注：1. 实际得分 = 自我评价 ×30%+ 小组评议 ×30%+ 教师评价 ×40%。
　　2. 考评满分为 100 分，60 ～ 74 分为及格；75 ～ 84 分为良好；85 分以上为优秀（包括 85 分）。

# 任务四　紧急情况处理训练

## 紧急情况处理训练 1——客人遗留物品

### 能力点

能够按规范标准处理客人遗留物品。

### 学习目标

熟练掌握处理客人遗留物品的方法，提高对客服务意识和安全意识。

### 学习准备

**1．物品准备**

（1）客人用充电器一个。

（2）客人眼镜一副。

（3）客人用白酒 2 瓶。

**2．场地准备**

4 间标准客房，能容纳 20 ～ 30 人进行实操训练。

3. 分组安排

学生每 5～8 人为一组，在一间客房中进行练习，一名学生模拟客房服务员练习处理客人遗留物品，其他学生观摩并负责打分，轮流练习。

4. 技能训练建议学时

1 学时。

## 技能训练

1. 及时查房

客人退房时要及时查房，发现客人遗留物品，要及时通知前台。如果客人已经离开，则应填写在工作单上，分别查出客人遗留物品（眼镜、白酒、充电器）。

2. 登记上交

交接班前将遗留物品交到客房服务中心，若是贵重物品或证件，发现后立即致电客房服务中心，尽快找到失主。

3. 分类保管

客房服务中心应填写遗留物品登记单，做好记录。将遗留物品装袋封口，在袋上注明日期、物品名称、编号等，妥善存放。

4. 核实认领

失主前来认领时，需验明证件，并请其在遗留物品登记单上签名。领取贵重物品时需要有领取人的身份证的复印件。客人要求邮寄遗留物品，邮资由客人承担，必须事先向客人说明。

客人遗留物品处理流程，如图 9-9 所示。

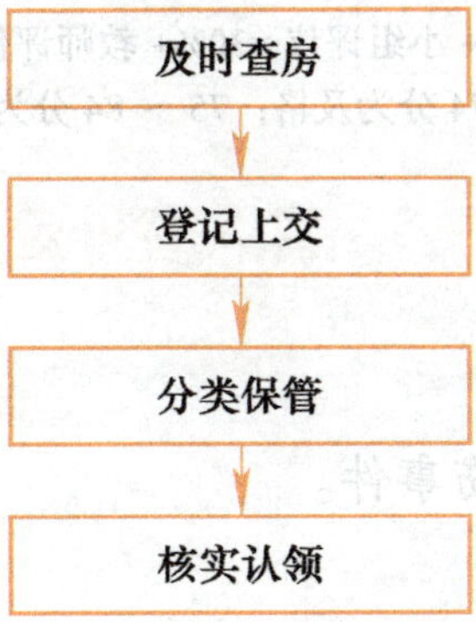


图 9-9　客人遗留物品处理流程

### 技能训练注意事项

1. 遗留物品的保管期限通常为：贵重物品保管半年至一年，一般物品保管3个月至半年，食品、饮料3天内处理。

2. 过了酒店的保存期限，如无人认领，酒店可按有关规定自行处理。

3. 分类存放柜子应上锁，以免丢失。

4. 服装类遗留物品应先送洗衣房洗净后再存放。

5. 必须确认客人身份，才能为客人办理领取手续。

## 学习评价

客人遗留物品处理训练评价表，见表9-11。

表9-11 客人遗留物品处理训练评价表

| 被考评人 | | | | | |
|---|---|---|---|---|---|
| 考评内容 | 客人遗留物品处理训练 | | | | |
| 考评标准 | 内容 | 分值/分 | 自我评价/分 | 小组评议/分 | 教师评价/分 |
| | 及时查房 | 10 | | | |
| | 登记上交 | 20 | | | |
| | 分类保管 | 30 | | | |
| | 核实认领 | 20 | | | |
| | 组织与合作 | 10 | | | |
| | 态度积极主动 | 10 | | | |
| 合计 | | 100 | | | |
| 综合职业素养（优、良、合格） | | | | | |

注：1. 实际得分 = 自我评价 ×30%+ 小组评议 ×30%+ 教师评价 ×40%。

2. 考评满分为100分，60～74分为及格；75～84分为良好；85分以上为优秀（包括85分）。

## 紧急情况处理训练2——客人意外受伤

### 能力点

能够妥善处理客人意外受伤事件。

### 学习目标

熟练掌握客人意外受伤事件的处理方法，提高客房服务安全意识。

## 学习准备

**1．场地准备**

客房楼道和楼梯处，能容纳 20 ～ 30 人进行实操训练。

**2．分组安排**

学生每 5 ～ 6 人为一组，在客房楼道和楼梯进行练习，一名学生模拟客房服务员，一名学生模拟客人在楼道或楼梯意外受伤，其他学生观摩打分，轮流练习。

**3．技能训练建议学时**

1 学时。

## 技能训练

**1．立即送往医院**

客人在住店期间出现摔伤、撞伤和烫伤等意外事故，酒店应立即送客人到医院就医，必要时还要保留现场。

**2．调查事故原因**

安全部要和直接有关的部门或负责人调查事故的发生原因。

**3．合理赔偿**

如果是客人自身原因造成的意外受伤，费用由客人承担；如果是由于酒店的设施设备造成的，酒店首先承担责任，费用和赔偿通过双方协商或其他途径解决；如果是员工在执行职务时失误造成的，由酒店首先负责，其后酒店有权对员工进行处理，包括追偿经济方面的损失；如果致害人和受害人在主观上都有一定的过失，则根据双方责任大小分担相应的经济损失。

客人意外受伤事件处理流程，如图 9-10 所示。

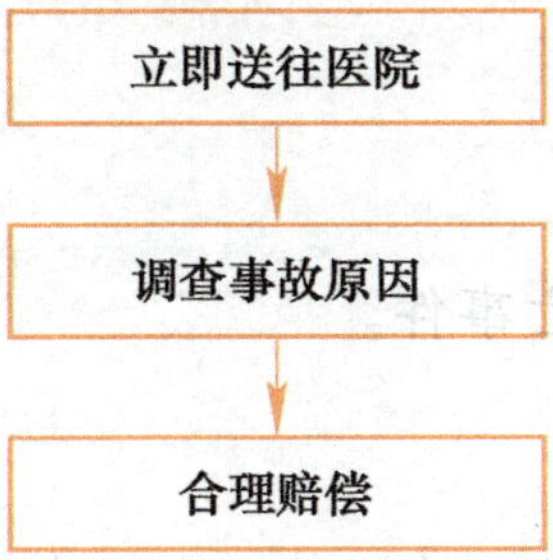


图 9-10　客人意外受伤事件处理流程

### 技能训练注意事项

1. 酒店接到客人受伤的报告后，首先应本着人道主义的原则，对受伤者采取救护措施或送医院急救。

2. 在未查明受伤原因前，不可轻易向客人做出任何承诺或妄下结论。

3. 定期检查客人各项设施设备用品，杜绝可能造成客人或员工伤害事故的隐患。

## 学习评价

客人意外受伤事件处理训练评价表，见表9-12。

**表9-12 客人意外受伤事件处理训练评价表**

| 被考评人 | | | | | |
|---|---|---|---|---|---|
| 考评内容 | 客人意外受伤事件处理训练 | | | | |
| 考评标准 | 内　容 | 分值 / 分 | 自我评价 / 分 | 小组评议 / 分 | 教师评价 / 分 |
| | 立即送往医院 | 20 | | | |
| | 调查事故原因 | 30 | | | |
| | 合理赔偿 | 30 | | | |
| | 组织与合作 | 10 | | | |
| | 态度积极主动 | 10 | | | |
| 合　计 | | 100 | | | |
| 综合职业素养（优、良、合格） | | | | | |

注：1. 实际得分 = 自我评价 ×30%+ 小组评议 ×30%+ 教师评价 ×40%。

2. 考评满分为100分，60～74分为及格；75～84分为良好；85分以上为优秀（包括85分）。

## 紧急情况处理训练3——客人意外死亡

### 能力点

能够妥善处理客人意外死亡事件。

### 学习目标

掌握客人意外死亡事件的处理方法，提高对客服务意识和客房安全防范意识。

## 学习准备

**1．场地准备**

4 间标准客房，能容纳 20 ～ 30 人进行实操训练。

**2．分组安排**

学生每 5 ～ 8 人为一组，在客房内中进行练习，一名学生模拟客房服务员，一名学生模拟客房经理，其他学生观摩并负责打分，轮流练习。

**3．技能训练建议学时**

1 学时。

# 技能训练

**1．保护现场，及时报告**

（1）遇到客人突然死亡、自杀或他杀时，要在第一时间保护现场，报告保安部、客房部经理和酒店领导。

（2）根据酒店领导指令，报告公安局和旅游局。

**2．协助公安机关调查**

（1）对因突然发病死亡人员，先确认是否可救，如未死亡，应尽快通知就近医院或急救中心进行抢救；如确定已经死亡，通知客房部经理、保安部前往现场，并同时请医院专业人员查验死亡原因，待调查清楚死亡原因后，酒店组织有关人员做好善后工作。

（2）对自杀死亡人员，首先保护现场，阻止无关人员靠近，待公安、保卫人员到达后，寻找死者遗书等证据材料。

（3）对他杀死亡人员，首先保护现场，观察周围有无可疑人员，不许无关人员靠近，待公安人员到达后，汇报情况和提供有关线索。

**3．做好善后工作**

当公安、保卫人员查清死者的死亡原因后，由客房部经理通知就近医院，将死者移至医院，做好善后工作后再作处理。

**4．对客房进行消毒**

对客房进行全面消毒。

客人意外死亡事件处理流程，如图 9-11 所示。

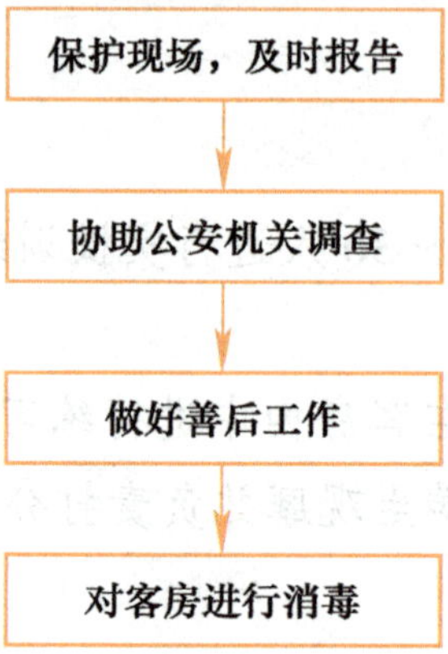


图 9-11　客人意外死亡事件处理流程

### 技能训练注意事项

1. 遇事冷静，不慌张，并保护好事故现场。
2. 对公安机关的调查要如实反映情况，不能有任何隐瞒。
3. 事后要对客房进行全面的消毒。

## 学习评价

客人意外死亡事件处理训练评价表，见表 9-13。

表 9-13　客人意外死亡事件处理训练评价表

| | | | | | |
|---|---|---|---|---|---|
| 被考评人 | | | | | |
| 考评内容 | 客人意外死亡事件处理训练 | | | | |
| 考评标准 | 内　容 | 分值 / 分 | 自我评价 / 分 | 小组评议 / 分 | 教师评价 / 分 |
| | 保护现场，及时报告 | 20 | | | |
| | 协助公安机关调查 | 30 | | | |
| | 做好善后工作 | 20 | | | |
| | 对客房进行消毒 | 10 | | | |
| | 组织与合作 | 10 | | | |
| | 态度积极主动 | 10 | | | |
| 合　计 | | 100 | | | |
| 综合职业素养（优、良、合格） | | | | | |

注：1. 实际得分 = 自我评价 ×30%+ 小组评议 ×30%+ 教师评价 ×40%。
　　2. 考评满分为 100 分，60 ～ 74 分为及格；75 ～ 84 分为良好；85 分以上为优秀（包括 85 分）。

## 紧急情况处理训练 4——客人醉酒

### 能力点

能够妥善处理客人醉酒事件。

### 学习目标

熟练掌握客人醉酒事件的处理方法及标准，提高对客服务意识和客房安全防范意识。

### 学习准备

**1．物品准备**

纸巾、热水壶、茶杯、垃圾桶和工作日志。

**2．场地准备**

4 间标准客房，能容纳 20～30 人进行实操训练。

**3．分组安排**

学生每 5～8 人为一组，一名学生模拟客房服务员，一名学生模拟醉酒客人，在楼道中引领客人，在客房内进行练习，其他学生观摩并负责打分，轮流练习。

**4．技能训练建议学时**

1 学时。

## 技能训练

**1．判断醉酒程度**

发现醉酒客人要注意观察其醉酒的程度，对于重度醉酒的客人应及时上报上级和保安部，对于轻度醉酒客人应劝其回房间休息。

**2．提供相应服务**

将纸巾、热水、茶杯、垃圾桶等放在床边，方便客人取用。特别留意此房的动静。

**3．做好记录**

在工作日志上做好相应的交接记录。

客人醉酒事件处理流程，如图 9-12 所示。

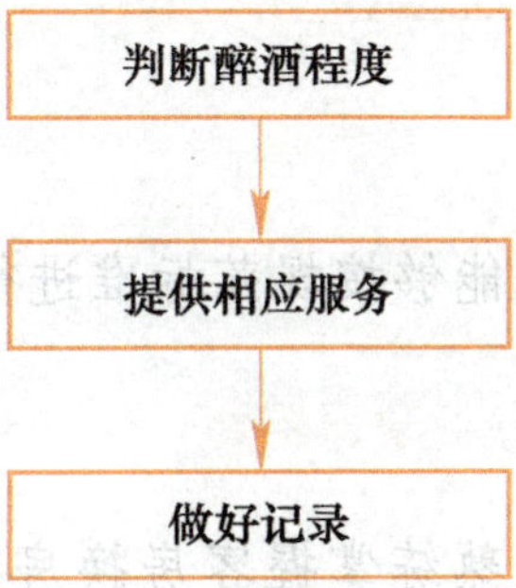


图 9-12　客人醉酒事件处理流程

**技能训练注意事项**

1. 如果客人醉酒后在楼道大吵大闹或损坏物件，应请保安人员强行制服。

2. 如搀扶客人回房休息，服务员不可单独一人进行，应请同事或保安人员帮助。

3. 客人回房间休息，服务人员不可随便为其宽衣，以免误会。

## 学习评价

客人醉酒事件处理训练评价表，见表 9-14。

**表 9-14 客人醉酒事件处理训练评价表**

| 被考评人 | | | | | |
|---|---|---|---|---|---|
| 考评内容 | 客人醉酒事件处理训练 | | | | |
| 考评标准 | 内容 | 分值 / 分 | 自我评价 / 分 | 小组评议 / 分 | 教师评价 / 分 |
| | 判断醉酒程度 | 30 | | | |
| | 提供相应服务 | 40 | | | |
| | 做好记录 | 10 | | | |
| | 组织与合作 | 10 | | | |
| | 态度积极主动 | 10 | | | |
| 合计 | | 100 | | | |
| 综合职业素养（优、良、合格） | | | | | |

注：1. 实际得分 = 自我评价 ×30%+ 小组评议 ×30%+ 教师评价 ×40%。

2. 考评满分为 100 分，60 ～ 74 分为及格；75 ～ 84 分为良好；85 分以上为优秀（包括 85 分）。

## 紧急情况处理训练 5——换房

### 能力点

能够按规范标准进行换房事件处理。

### 学习目标

熟练掌握客房换房事件的处理方法及标准，提高对客服务意识和客房安全规范。

## 学习准备

**1．物品准备**

行李车2辆和旅行包2个。

**2．场地准备**

2间标准客房，能容纳20～30人进行实操训练。

**3．分组安排**

学生每4～5人为一组，一名学生模拟客房服务员，一名学生模拟行李员，一名学生模拟客人，其他学生观摩并负责打分，轮流练习。

**4．技能训练建议学时**

1学时。

## 技能训练

**1．接受换房申请**

客人如果对房间不满意，可提出换房申请。

**2．明确换房原因**

客人因对所住的客房不满意或其他原因申请换房；所住客房因为超过其原申请的住宿时间，而该房间已被其他客人预订；或者该房间需要维修、保养及另有用途。

**3．查看房态**

接待员接到客人换房申请，首先要查询客房状况，看是否有符合客人要求的客房可换，这时要特别注意不要与客房预订发生冲突。

**4．办理手续**

为客人调换客房需要办理换房手续，并填写换房单，一式四份，写清客人姓名、新旧房号、房租变化和调换日期等，一份自留，其余三份送前台收款员、电话总机和行李处，以便准确收取房租和提供行李、查询服务。给客人换房前，要征求客人意见，告诉他所换新房的情况和搬房时间。

**5．行李调换**

换房行李服务分为客人在客房和不在客房两种情况。

（1）客人在客房，行李员要从前台领来新换客房的房卡，准备好行李车去客人的原住房。按客人的吩咐搬运和放置行李，并将客人带到新换的客房，将原住客房钥匙收回，把新客房钥匙交给客人后退出。

（2）客人不在客房并委托酒店替他搬运时，必须注意以下几点。

1）行李员从前台领回新旧两个客房的钥匙后，应准备好行李车，请客房服务员一同到客房，最好有领班或部门负责人在场。

2）客人的行李如果很乱，应注意记住客人行李的种类、特征和件数及放置的位置。搬进新房后，按原位放好。

3）客人的文件、资料及其他物品，都要一一搬到新房，不可随意处理，更不能擅自取阅。

4）衣柜里若挂有衣物，则要连衣架一起拿到新房，挂在衣柜里。

5）为了不遗漏物品，应仔细检查抽屉、衣柜、办公室桌下、卫生间和床下等处。

6）换房完毕，将行李件数写入换房行李登记表（见表9-15），并报告接待处。

表9-15　换房行李登记表

| 日期<br>DATE | 时间<br>TIME | 由<br>FROM ROOM | 到<br>TO ROOM | 件数<br>PIECES | 行李员<br>BELL BOY | 领班<br>BELL CAPTAIN | 备注<br>REMARK |
|---|---|---|---|---|---|---|---|
| | | | | | | | |
| | | | | | | | |
| | | | | | | | |
| | | | | | | | |
| | | | | | | | |
| | | | | | | | |

### 6. 信息调整

客房调换完成后，要同时调整客房入住信息，做好各种更改手续。

客人换房处理流程，如图9-13所示。

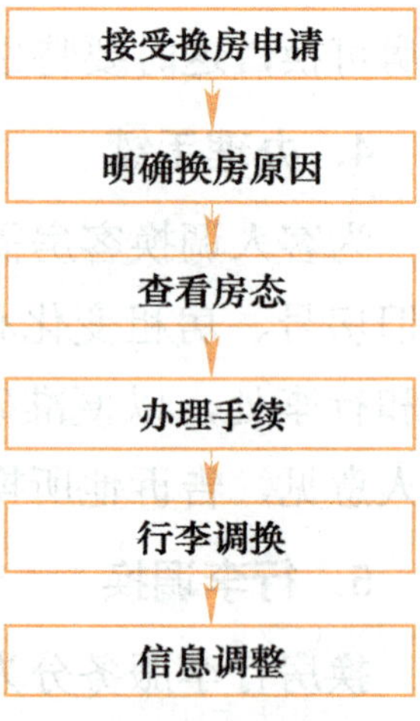


图9-13　客人换房处理流程

**技能训练注意事项**

1. 调换客房前应先查询房态，确定是否可以换房。
2. 给客人调换前一定要征求客人意见。
3. 行李调换时注意不要有遗漏。

## 学习评价

客人换房训练评价表，见表 9-16。

表 9-16　客人换房训练评价表

| | | | | | |
|---|---|---|---|---|---|
| 被考评人 | | | | | |
| 考评内容 | 客人换房训练 | | | | |
| 考评标准 | 内　容 | 分值 / 分 | 自我评价 / 分 | 小组评议 / 分 | 教师评价 / 分 |
| | 接受换房申请 | 5 | | | |
| | 明确换房原因 | 20 | | | |
| | 查看房态 | 10 | | | |
| | 办理手续 | 10 | | | |
| | 行李调换 | 20 | | | |
| | 信息调整 | 15 | | | |
| | 组织与合作 | 10 | | | |
| | 态度积极主动 | 10 | | | |
| 合　计 | | 100 | | | |
| 综合职业素养（优、良、合格） | | | | | |

注：1. 实际得分 = 自我评价 ×30%+ 小组评议 ×30%+ 教师评价 ×40%。
2. 考评满分为 100 分，60 ～ 74 分为及格；75 ～ 84 分为良好；85 分以上为优秀（包括 85 分）。

## 紧急情况处理训练 6—— 突然停电

### 能力点

能够妥善处理突然停电事件。

### 学习目标

熟练掌握酒店突然停电事件的处理方法及标准，提高客房安全防范意识。

### 学习准备

**1. 物品准备**

应急灯 4 个。

**2. 场地准备**

4 间标准客房、客房楼道，能容纳 20 ～ 30 人进行实操训练。

3．分组安排

学生每 5～8 人为一组，一名学生模拟客房服务员，一名学生模拟客人，在客房和楼道内进行练习，模拟停电后的对客服务，其他学生观摩并打分，轮流练习。

4．技能训练建议学时

1 学时。

## 技能训练

1．开启应急照明设备

立即打开应急灯照明公共场所，帮助正在楼道中的客人迅速回到自己的房间或转移到安全地带。

2．安慰客人

向客人说明停电原因和酒店正在采取的措施，安慰客人情绪。

3．坚守岗位

员工坚守岗位，并对楼道、安全出口、库房等处密切关注，防止有人趁机行窃。管理人员要立即到楼层巡视。

4．供电后检查客房设备

供电后检查客房是否安全正常。

突然停电事件处理流程，如图 9-14 所示。

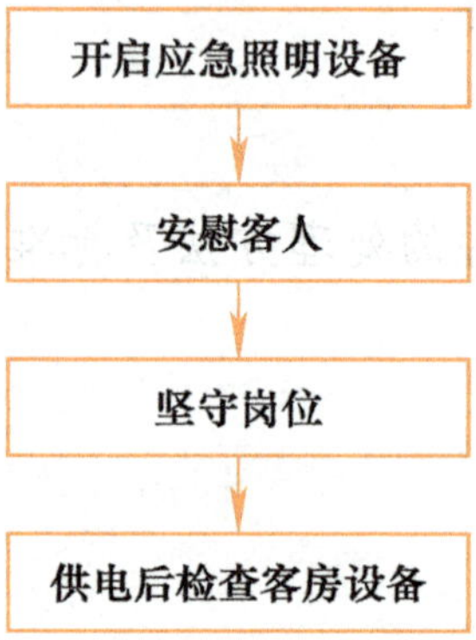


图 9-14　突然停电事件处理流程

## 技能训练注意事项

1. 对停电事件的处理要制订周密的应急计划。
2. 员工临场不乱，从容镇定。
3. 减少客人的不满和惊慌情绪，保障客人安全。
4. 提醒客人注意锁好房门，在房间安心等候。
5. 如果有客人投诉，要做好解释工作。

# 学习评价

突然停电事件处理训练评价表，见表 9-17。

表 9-17　突然停电事件处理训练评价表

| | | | | | |
|---|---|---|---|---|---|
| 被考评人 | | | | | |
| 考评内容 | 突然停电事件处理训练 | | | | |
| 考评标准 | 内　容 | 分值 / 分 | 自我评价 / 分 | 小组评议 / 分 | 教师评价 / 分 |
| | 开启应急照明设备 | 20 | | | |
| | 安慰客人 | 20 | | | |
| | 坚守岗位 | 30 | | | |
| | 供电后检查客房设备 | 10 | | | |
| | 组织与合作 | 10 | | | |
| | 态度积极主动 | 10 | | | |
| 合　计 | | 100 | | | |
| 综合职业素养（优、良、合格） | | | | | |

注：1. 实际得分 = 自我评价 ×30%+ 小组评议 ×30%+ 教师评价 ×40%。
2. 考评满分为 100 分，60 ～ 74 分为及格；75 ～ 84 分为良好；85 分以上为优秀（包括 85 分）。

## 紧急情况处理训练 7—— 客房防爆

### 能力点

能够妥善处理客房防爆事件。

### 学习目标

熟练掌握客房防爆事件的处理方法，提高客房安全防范意识。

## 学习准备

**1．物品准备**

电话2部、可疑物品4个。

**2．场地准备**

4间标准客房，能容纳20～30人进行实操训练。

**3．分组安排**

学生每5～8人为一组，一名学生模拟客房服务员，一名学生模拟客人，在楼道和客房中进行练习，其他学生观摩并负责打分，轮流练习。

**4．技能训练建议学时**

0.5学时。

## 技能训练

**1．发现情况马上上报**

不管真假，必须以假当真、严肃对待、缜密处置；立即上报客房经理，等待处理。

**2．保护现场，维护秩序**

要保护现场，观察四周是否留有可疑物品；当发现可疑物件时，禁止任何人接近，观察时应由外而内、由公共区域到室内。

**3．根据情况协助疏散**

根据具体情况，按照火警路线，协助疏散现场人员和客房客人。

**4．配合调查协助破案**

配合警察进行情况调查，协助警方破案。

**5．书面报告**

认真总结并形成书面报告。

客房防爆事件处理流程，如图9-15所示。

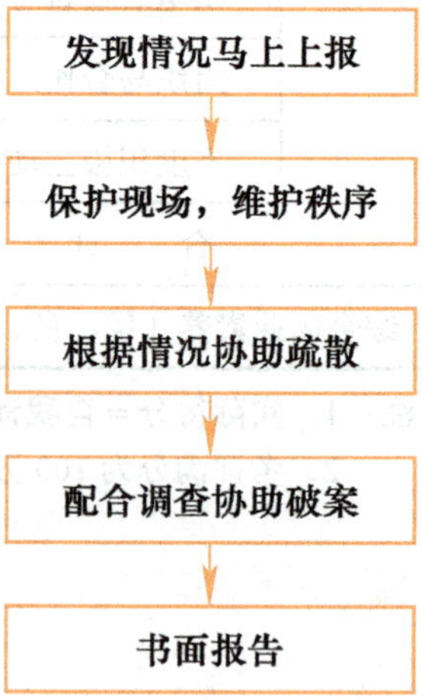


图9-15　客房防爆事件处理流程

**技能训练注意事项**

1．遇到可疑物件一定要冷静。

2．严禁任何人触摸现场各类物品，以免破坏现场，影响侦查工作；尽可能配合警方开展调查、取证。

3．切勿自行接触或处理可疑物件。

4．切勿在现场使用无线电通信机、闪光灯或开关电器。

5．切勿移挪、遮盖可疑物体。

## 学习评价

客房防爆事件处理训练评价表，见表 9-18。

表 9-18　客房防爆事件处理训练评价表

| 被考评人 | | | | | |
|---|---|---|---|---|---|
| 考评内容 | 客房防爆事件处理训练 | | | | |
| 考评标准 | 内　容 | 分值 / 分 | 自我评价 / 分 | 小组评议 / 分 | 教师评价 / 分 |
| | 发现情况马上上报 | 20 | | | |
| | 保护现场，维护秩序 | 20 | | | |
| | 根据情况协助疏散 | 20 | | | |
| | 配合调查协助破案 | 10 | | | |
| | 书面报告 | 10 | | | |
| | 组织与合作 | 10 | | | |
| | 态度积极主动 | 10 | | | |
| 合　计 | | 100 | | | |
| 综合职业素养（优、良、合格） | | | | | |

注：1．实际得分 = 自我评价 ×30%+ 小组评议 ×30%+ 教师评价 ×40%。

2．考评满分为 100 分，60 ～ 74 分为及格；75 ～ 84 分为良好；85 分以上为优秀（包括 85 分）。

## 紧急情况处理训练 8——自然灾害

### 能力点

能够妥善处理自然灾害事件。

### 学习目标

熟练掌握自然灾害事件的处理方法，提高安全防范意识。

## 学习准备

**1. 场地准备**

楼前空地，能容纳 20 ～ 30 人进行实操训练。

**2. 分组安排**

学生每 5 ～ 6 人为一组，一名学生模拟客房服务员，一名学生模拟客人，其他学生观摩并负责打分，轮流练习。

**3. 技能训练建议学时**

0.5 学时。

## 技能训练

**1. 制订预防自然灾害计划**

制订全年预防自然灾害的计划，提前做好防范准备，查看防范物资是否齐备适用。

**2. 上报领导或向 110 报警**

立即上报领导，通知管理人员到场，或向 110 报警，清楚地说明是何种灾难、灾难发生地点及目前情况。

**3. 现场自救**

现场注意采取必要措施，防止灾难现场环境恶化，危害生命财产安全；救护伤者，在可能的情况下抢救被困人员。

**4. 协助救护**

协助有关人员控制或封锁灾区；协助管理人员维持秩序，以便紧急车辆尽快到达现场抢救。

**5. 书面报告**

事后做好书面报告。

自然灾害事件处理流程，如图 9-16 所示。

**技能训练注意事项**

1. 处理此类事件必须冷静。
2. 尽力保护所有人员的生命财产安全。

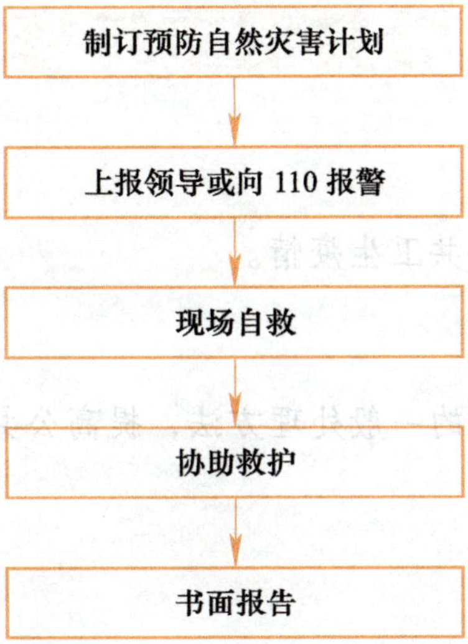


图 9-16　自然灾害事件处理流程

## 学习评价

自然灾害事件处理训练评价表，见表 9-19。

**表 9-19　自然灾害事件处理训练评价表**

| | | | | | |
|---|---|---|---|---|---|
| 被考评人 | | | | | |
| 考评内容 | 自然灾害事件处理训练 | | | | |
| 考评标准 | 内　容 | 分值 / 分 | 自我评价 / 分 | 小组评议 / 分 | 教师评价 / 分 |
| | 制订预防自然灾害计划 | 20 | | | |
| | 上报领导或向 110 报警 | 10 | | | |
| | 现场自救 | 30 | | | |
| | 协助救护 | 10 | | | |
| | 书面报告 | 10 | | | |
| | 组织与合作 | 10 | | | |
| | 态度积极主动 | 10 | | | |
| 合　计 | | 100 | | | |
| 综合职业素养（优、良、合格） | | | | | |

注：1. 实际得分 = 自我评价 ×30%+ 小组评议 ×30%+ 教师评价 ×40%。

2. 考评满分为 100 分，60 ～ 74 分为及格；75 ～ 84 分为良好；85 分以上为优秀（包括 85 分）。

# 任务五 公共卫生防疫工作训练

## 能力点

能够处理客房的一般公共卫生疫情。

## 学习目标

掌握客房公共卫生疫情的一般处理方法，提高公共卫生安全意识。

## 学习准备

**1. 物品准备**

（1）口罩、免洗洗手液。

（2）非接触式体温测量仪。

（3）消毒液、喷壶、医用酒精棉、橡胶手套。

（4）防疫信息登记表。

**2. 场地准备**

模拟酒店大堂入口处1间，电梯间1间，客房布草间1间，标准客房2间，能容纳30～40人进行实操训练。

**3. 分组安排**

学生每8～10人为一组，各组学生分别模拟个人防护训练；在大堂入口处模拟对住客、访客的体温检测和健康摸排练习；在客房模拟通风、消毒、无接触服务练习；在电梯间、布草间模拟消毒练习。一名学生操作，其他学生观摩并负责打分，轮流练习。

**4. 技能训练建议学时**

2学时。

## 技能训练

**1. 个人防护**

客房服务员要按要求佩戴和使用口罩，上岗前进行体温检测、健康摸排以及手部消毒（使用免洗洗手液），并对员工每日体温建档记录。

**2. 住客、访客检测**

（1）体温检测。对住客、访客出入进行体温检测和手部消毒（使用免洗洗手液），并在《住客、访客体温记录表》中进行建档记录，见表 9-20。若出现体温在 37.3℃以上的客人，要按专门的应急预案，暂时将客人安排进入指定房间隔离，并进行上报。

表 9-20　住客、访客体温记录表

| 姓名 | 性别 | 是否到过中高风险地区 | 现住址 | 身份证信息 | 联系电话 | 体温 | 时间 |
|---|---|---|---|---|---|---|---|
| | | | | | | | |
| | | | | | | | |
| | | | | | | | |
| | | | | | | | |
| | | | | | | | |
| | | | | | | | |
| | | | | | | | |

（2）健康摸排。询问住客及访客近 14 天是否有中高风险地区居住或旅行史，如有，需根据当地政府部门相关防疫政策进行处理。

（3）无接触服务。尽量避免接触，降低病毒传播风险。客房服务员上门清扫的时间尽量选择在客人不在的时间段内，避免与客人直接接触。特殊时期应适当减少服务员上门服务的可能，取消引领进房等非必要环节。

**3. 客房区域防疫**

（1）通风。客房要开窗通风，保持室内空气流通。每日通风一般不少于 2 次，每次不少于 30min。

（2）消毒。先清洁，再消毒。对家具、家电设施、卫生间整体环境、马桶圈、吹风机和体重秤等物品使用稀释后的 84 消毒液进行喷洒或擦拭消毒，有条件的也可使用紫外线至少照 30min；布草做到一客一换一消毒。

**4. 公共区域防疫**

（1）工作间。每日对布草存放点、清洗消毒间等工作间做紫外线消毒处理不低于 30min，喷洒稀释的 84 消毒液不少于 2 次。

（2）电梯、通道、大堂、前台、公共卫生间。使用稀释后的 84 消毒液，对酒店出入口及各通道门拉手、楼梯扶手、电梯按键、地面地板等公共设施进行喷洒、擦拭消毒，根据酒店要求确定消毒次数。

公共卫生防疫工作流程，如图9-17所示。

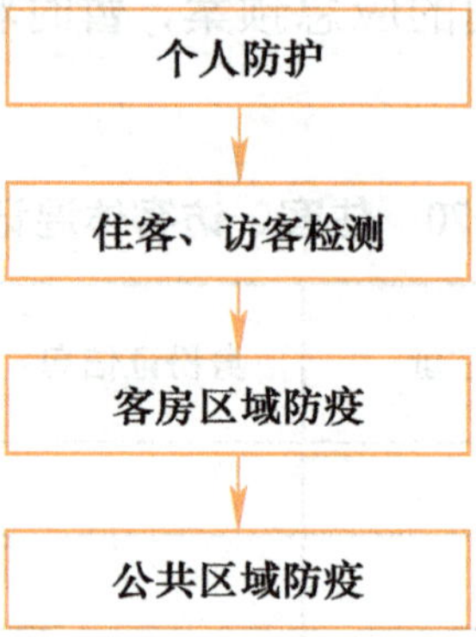


图9-17　公共卫生防疫工作流程

## 技能训练注意事项

1. 个人防护要使用标准七步法正确洗手。
2. 提醒进入酒店的住客、访客佩戴口罩。
3. 走客房要先消毒、后清洁、再消毒。

## 学习评价

公共卫生防疫工作训练评价表，见表9-21所示。

表9-21　公共卫生防疫工作训练评价表

| | | | | | |
|---|---|---|---|---|---|
| 被考评人 | | | | | |
| 考评内容 | 公共卫生防疫工作训练 | | | | |
| 考评标准 | 内　　容 | 分值/分 | 自我评价/分 | 小组评议/分 | 教师评价/分 |
| | 个人防护 | 15 | | | |
| | 住客、访客检测 | 25 | | | |
| | 客房区域防疫 | 25 | | | |
| | 公共区域防疫 | 15 | | | |
| | 组织与合作 | 10 | | | |
| | 态度积极主动 | 10 | | | |
| 合　　计 | | 100 | | | |
| 综合职业素养（优、良、合格） | | | | | |

注：1. 实际得分＝自我评价×30%+小组评议×30%+教师评价×40%。
2. 考评满分为100分，60～74分为及格；75～84分为良好；85分以上为优秀（包括85分）。

实践·案例

### 一起不该发生的盗窃案

一天上午，在北京某四星级酒店的六层客房，实习生小张正在一间住客房清扫卫生，这时房门开着，只见一位男客人径直走进房间。小张看此人身材魁梧，衣着考究，五官端正，像是高级商务客人。这位男客人一进门就冲小张喊道："怎么搞的，我的房间还没搞好？一会儿我的客人要来，快点儿！"说着，随手打开冰箱，拿出一瓶可乐喝了起来。小张看这位客人举止自然，一下子被蒙住了。心想，房间的客人回来了，得赶快搞卫生，急急忙忙搞完卫生就离开了房间。

下午，住在这个房间的客人来报案，说在房间里丢了5 000元人民币和一件高级名牌T恤衫，强烈要求到公安局报案。很快，公安局来人侦破此案。小张这才得知自己放进去的是盗贼。被盗的住店客人向酒店提出索赔要求，酒店同意给予赔偿。

评析：此案例中发生的盗窃案后果是严重的：首先，使客人财产受到损失，危及客人安全；其次，严重破坏了酒店的安全秩序，造成不良影响，极大损害了酒店声誉。

思考与启示：出现这样的问题原因是什么？

答：1. 对不法分子缺乏防范意识，丧失警惕，不按规定程序检查客人房卡，给不法分子以可乘之机。实习生小张要负直接的、重要的责任。

2. 客房部管理人员在实习生上岗前安全教育不够，未能使实习生树立强烈的安全防范意识，没有认识到不按规定验看房卡的危害，管理人员要负主要责任。

3. 酒店所设监控系统没有发挥作用，这是保安部门的严重失职。

4. 小张以貌取人，仅凭外表就认定是客人，使不法分子轻而易举得手。

### 都是烟头惹的祸

在某酒店客房部5016房间，服务员小陈正在擦尘，忽听走廊有人惊呼："布草车起火了！"随着喊声，小陈迅速跑出去，一看原来正是自己推的那辆布草车冒起了白烟。她赶紧与其他服务员一起把火扑灭了。

事后，领导调查起火原因，有以下几种可能：首先可能是小陈在工作时间吸烟；其次可能是小陈将未熄灭的烟头扔进垃圾袋；再次可能是过路客人将未熄灭的烟头扔进布草袋。调查结果是，小陈从不吸烟，小陈自身原因被排除；垃圾袋里没有未熄灭的烟头，可见也不是小陈违章操作所致；最后查清是一位客人在走廊将吸完的烟头随手扔进了布草袋随后就离开了，因而引起布草车起火。

评析：吸烟不慎引起火灾在酒店火灾中居首位，起火部位多为客房，客房部日常的防火工作很重要，应该结合本部门特点制定出适合本部门的火灾预防措施。

思考与启示：如何防止此类事件的发生？

答：1．客房服务人员必须具备较强的安全意识，规范操作，才能防患于未然。

2．服务人员不在工作时间吸烟。

3．在布草车上拴挂温馨提示牌：请您一定将烟头熄灭后再扔进垃圾袋中，谢谢合作！

4．起火后，一定要按正确程序灭火。

### 客人扭伤脚之后

某日9:00多，某大厦当班客房服务员小李得知有位客人因脚扭伤需要轮椅服务，于是，他立即推着轮椅接客人去医务室诊治。在路上，经与客人交谈得知，客人的脚曾有过严重的扭伤，这次因为在地毯接缝处绊倒，所以扭伤了脚。他发现客人的脚部已经肿起来了，穿上鞋肯定不舒服，便拿来一双一次性拖鞋为客人换上。到医务室后，大夫仔细检查了一番，说客人的脚要冷敷后贴膏药才行。于是，小李把客人送回房间休息，然后到厨房取了一些冰块，先装好两袋冰为客人垫在脚部冷敷，又把剩下的冰块装进冰桶里，放在客人房里备用。他考虑到客人行走不方便，便将轮椅留在了客人房间，并告诉客人有事给客房部打电话，再三叮嘱客人如果出房间，一定不要自己走，以免影响脚伤的恢复。客人对此非常感动，拉着他的手连声道谢。

评析：小李的服务有以下几点值得肯定：第一，立即用轮椅送客人到医务室；第二，从得到的信息和对客人脚部的观察，拿来一次性拖鞋，让客人舒服地穿上；第三，取来冰块为客人冷敷，余下的留在客人房间供客人使用，给予客人关怀。

思考与启示：如何避免意外受伤呢？

答：酒店在地面较滑的地方设置警示牌，经常检查公共区域，避免危险的发生。如果有上了年纪的客人入住，要设有专人服务以避免滑倒扭伤事故的发生。

### 烟感器发出报警声

一天晚上，某酒店保安员小郝正在保安室值班，突然烟感报警器发出尖锐急促的报警声。同时，913房的警灯不断闪现红色信号。“不好，913房出事了！”他立即冲出房门，奔向电梯口，直奔913房。

只见913房门口挂着“请勿打扰”的牌子，小郝便按了一下门铃，里面没有回音，接连按了几下，仍然没有动静，他便用力敲起门来，一面大声叫道：“913房客人请快开门。”里面还是死一般地寂静。小郝当机立断，叫来客房服务员小范，让她用备用钥匙打开房门。他们闯进客房，只见缕缕烟雾直冲烟感报警器装置。原来是垃圾桶里冒出的烟雾，桶内废纸及其他可燃物正在燃烧，两人急忙到卫生间弄来一壶冷水将桶里的火浇灭。“好险啊！”小郝和小范舒了口气。

到这时，他们才发现客人正躺在床上呼呼大睡，小郝上前推推他，客人仍然睡得死沉沉的，同时一股浓烈的酒气扑鼻而来。小郝使劲用力反复推他，客人终于醒来，小范泡了杯茶递给客人，客人喝了几口，酒意渐消。小郝向客人说明了刚刚发生的事情的经过。

原来这位客人晚饭喝醉了，回到房间坐在椅子上抽了根烟，随手将未熄灭的烟头扔进垃圾桶，就蒙头大睡了。小郝态度严肃而语气平缓地对客人说：“先生，维护所有客人的生命和财产安全是酒店的责任，也是每位客人的责任，您喝酒应有节制，醉后抽烟乱扔烟头，易造成火灾，后果不堪设想，刚才您差点酿成一起事故。”客人羞愧地低头认错，表示一定吸取教训。

评析：这是一个客房安全管理的综合案例，涉及防火工作，对“请勿打扰”房的服务，以及对醉客的服务工作。安全工作责任重大，需要全员关心、全员投入。

思考与启示：保安员小郝和服务员小范的服务有哪些方面是值得我们学习的？

答：1. 小郝忠于职守，凭高度的职业敏感性及时捕捉到信息并做出快速反应，奔赴现场抢救。

2. 当他遇到“请勿打扰”牌时先敲门，没有回音后果断通知客房服务员用钥匙开门入房进行抢救。

3. 进房后两人相互配合采取积极措施灭火。

4. 小郝借机加强对醉客的安全教育，方法得当、说理透彻，收到了良好的效果。

5. 小范配合得很到位，对醉客的处理也是合适的。

### 无死角防疫守护住客健康

酒店、宾馆等场所是疫情防控的重要区域。为了给每一位宾客提供安全、卫生、舒适的环境，积极承担社会责任，某连锁酒店积极响应国家号召，第一时间出台应急方案及保障措施，从一点一滴的预防工作做起，确保酒店疫情防控工作有序推进，切实保障酒店员工和住客的健康安全。

面对疫情防控的严峻性和复杂性，一方面，酒店严格执行人员管理，坚持每位员工体温测量正常且无发热症状方可上岗，保证每位员工健康上岗；同时要求所有员工必须佩戴符合标准的口罩，双手清洗消毒，及时消除病毒传播隐患，将防疫工作落实到位。另一方面，认真落实入住人员实名登记、口罩佩戴、体温测量工作，要求所有客人必须接受体温检查，体温正常后方可办理入住；同时在入住期间，密切关注住宿人员动向和健康状况，全力做好疫情防控工作。

在日常服务保障方面，严格按照防疫部门要求，进行正常的清洁后，再用消毒液对公共区域、客房、储物间等进行全面的消毒，客房用品用具一客一换并用含氯洗涤剂消毒，每日定时通风，洗手间每日消毒，公共用品用具每天清洗消毒。为确保每个环节落实到位，酒店加大对公共区域、公共接触部位的消毒力度和消毒频率，调整服务流程，做到全面消毒不遗漏，防控无死角，为住客与员工的健康安全保驾护航。

评析：疫情无情人有情，在这场没有硝烟的战斗中，该连锁酒店用心、用情、用实际行动担起了自己的一份责任，守护员工与住客的健康，这是酒店人应有的担当！

思考与启示：在疫情防控常态化的今天，这家酒店带给我们哪些启示？

答：1．抗击疫情，人人有责，对疫情要保持高度重视，不能懈怠。

2．要严格按照防疫的相关规定进行规范操作，防护工作要落实到位。

3．只有万众一心、齐心协力，才能打赢这场疫情防控阻击战，每名酒店人都应该在各自岗位贡献力量。

# 参 考 文 献


[1] 李雩．酒店客房部精细化管理与服务规范 [M]．2 版．北京：人民邮电出版社，2011．

[2] 谭金凤，唐继旺．前厅与客房服务实训教程 [M]．北京：北京师范大学出版社，2011．

[3] 赵历．客房服务 [M]．北京：清华大学出版社，2011．

[4] 曹艳芬．酒店客房实务 [M]．2 版．南京：南京师范大学出版社，2019．

[5] 苏北春．前厅客房服务与管理工作实训手册 [M]．北京：人民邮电出版社，2006．

[6] 国家旅游局人事劳动教育司．客房服务与管理 [M]．5 版．北京：旅游教育出版社，2016．

[7] 贺湘辉，徐文苑．饭店客房管理与服务 [M]．北京：清华大学出版社、北京交通大学出版社，2005．

[8] 王光健．客房服务与管理实务 [M]．北京：高等教育出版社，2018．

[9] 汝勇健．客房服务与管理实务 [M]．3 版．南京：东南大学出版社，2018．

[10] 中国就业培训技术指导中心．客房服务员（初、中、高级）[M]．2 版．北京：中国劳动社会保障出版社，2012．

[11] 雷明化，郭建华．客房服务与管理 [M]．2 版．北京：中国人民大学出版社，2019．

[12] 姜文宏，刘颖．饭店服务技能综合实训—— 前厅客房服务 [M]．2 版．北京：高等教育出版社，2015．